留守幼儿关爱保护丛书

刘占兰 /主编

U0573878

GUAN'AI

LIUSHOU YOU'ER

ZAI XINGDONG

LUJING

YU FANGFA

关爱留守幼儿在行动：路径与方法

北京师范大学出版集团
BEIJING NORMAL UNIVERSITY PUBLISHING GROUP
北京师范大学出版社

图书在版编目（CIP）数据

关爱留守幼儿在行动：路径与方法/刘占兰主编. —北京：北京师范大学出版社，2024.5
（留守幼儿关爱保护丛书）
ISBN 978-7-303-29879-2

Ⅰ.①关… Ⅱ.①刘… Ⅲ.①农村—幼儿—社会问题—研究—中国 Ⅳ.①D699.5

中国版本图书馆 CIP 数据核字（2024）第 059789 号

图书意见反馈 **gaozhifk@bnupg.com 010-58805079**
营销中心电话 010-58802181 58805532
编辑部电话 010-58808898

出版发行：北京师范大学出版社 www.bnupg.com
　　　　　北京西城区新街口外大街 12-3 号
　　　　　邮政编码：100088
印　　刷：三河市兴达印务有限公司
经　　销：全国新华书店
开　　本：730 mm×980 mm 1/16
印　　张：12
字　　数：210 千字
版　　次：2024 年 5 月第 1 版
印　　次：2024 年 5 月第 1 次印刷
定　　价：38.00 元

策划编辑：罗佩珍　　　　责任编辑：梁民华
美术编辑：焦　丽　　　　装帧设计：焦　丽
责任校对：陈　荟　　　　责任印制：陈　涛　赵　龙

序 言

近年来，随着留守幼儿数量的增加，越来越多的研究关注到留守幼儿的身心健康等方面的发展。值得关注的是，研究发现，小学阶段的许多问题特别是心理健康问题主要源于幼儿期的亲情缺失。

以往的相关研究揭示，过早的长期亲子分离，会造成亲情断裂，使幼儿缺乏情感滋养，社会化进程发展缓慢。尽管短暂的亲子分离有助于提高幼儿的心理耐受性，但是留守生活对幼儿来说是一种超出其自身承受力的重大生活事件，带给幼儿的负面影响是多方面的。哈佛大学开展的对成人发展的研究（《新财富》杂志 2017-01-01，来源：Linkedin-China）始于 1938 年，长达 80 多年的追踪研究发现，儿童时期受到良好母亲关怀的人与那些缺少母亲关怀的人相比，成年后有更好的工作和更幸福的生活；一个人在儿童时期和母亲的关系与他们的工作效率呈正相关；儿童时期受到父亲关怀的人，成年后的焦虑较少。幼年期父母的陪伴和关爱对人的健康成长至关重要。

研究发现：幼儿留守生活的潜在危机

"农村 3—6 岁留守儿童心理健康促进项目（2015—2018）"[①] 课题组的

---

① "农村 3—6 岁留守儿童心理健康促进项目（2015—2018）"是中国教育科学研究院基础教育研究所刘占兰研究员主持的六省市协作研究。

调查发现，留守幼儿家长远距离打工，亲子分离多，关系疏离，有少部分幼儿和父母一两年都没通过一次电话，亲子见面次数就更少了。留守幼儿的家庭背景总体上不如非留守幼儿。以往研究的相关分析已经显示出幼儿的发展与主要照料者的教育背景呈正相关，再加上家庭经济状况不利，可以预知，留守幼儿的发展状况会受到影响。

对留守幼儿情绪健康和社会性发展的调查显示，农村留守幼儿已经出现了一些问题倾向，主要表现为以下几个方面。

第一，留守幼儿的社会性发展水平和情绪能力低于非留守幼儿。"农村3—6岁留守儿童心理健康促进项目（2015—2018）"课题组从幼儿认识自己、认识父母两个方面考察了幼儿社会认知的发展水平，从幼儿在情境事件中完成目标、协商合作等方面考察了幼儿的交往水平。结果发现，留守幼儿无论是在各个分项目的得分上还是在总分上都低于非留守幼儿。本研究从识别常见的情绪特别是负面情绪、知道并能说出产生情绪的原因、能够想办法应对情绪带来的困扰几个方面考察幼儿的情绪识别与应对能力，结果发现，留守幼儿的得分也都低于非留守幼儿。留守幼儿亲情缺失的生活状况本身就容易使他们受负面情绪的困扰，如果不能识别，不愿意也不会说出原因，缺乏应对的方法和能力，无法摆脱负面情绪的长期困扰，那么留守幼儿的心理健康就会出现问题。

第二，留守幼儿的亲子关系疏离。亲子关系是影响幼儿情感和社会性健康发展的重要人际关系。本研究通过"我和爸爸妈妈的故事"主题绘画投射法了解了留守幼儿的亲子关系状况。结果发现，留守幼儿画的多是别人而非父母，甚至有相当一部分幼儿的画面中没有人物。在画有父母的留守幼儿中，从画面布局和幼儿的讲述中我们可以了解到，留守幼儿与父母的关联性明显低于非留守幼儿。从幼儿绘画和讲述时的表情及行为中我们还发现，在提及父母时，比较多的留守幼儿表现出淡漠，还有的留守幼儿表现出伤心的情绪。

第三，留守幼儿的语言发展也需要得到关注。本研究还通过让幼儿讲述"我和爸爸妈妈的故事"考察了幼儿的语言表达能力和水平。结果表明，在故事绘画与讲述的综合性评价中，除了在人物的多样性方面，留守幼儿比非留守幼儿略强外，在事物的丰富性、情节的复杂性和逻辑性方面，留守幼儿都弱于非留守幼儿，这表明留守幼儿的语言发展水平、表达能力都需要得到关注和支持。

第四，留守幼儿的孤独感、焦虑感、退缩性、攻击性的问题倾向明显高于非留守儿童。本研究通过 3 次故事情境谈话和 46 道题目的教师评定结果发现，在上述 4 种问题倾向的得分上，留守幼儿都明显高于非留守幼儿。这说明留守幼儿尽管很小，但是已经出现了明显的问题倾向信号。针对留守幼儿可能出现的问题，教师在幼儿园教育活动中进行适宜的预防性干预和积极正向的引导与鼓励十分必要。

应对策略：给予留守幼儿更多的亲情陪伴和深度关爱

2016 年 2 月，《国务院关于加强农村留守儿童关爱保护工作的意见》发布，提出以促进未成年人健康成长为出发点和落脚点，不断健全法律法规和制度机制，坚持问题导向，强化家庭监护主体责任，加大关爱保护力度，逐步减少儿童留守现象，确保农村留守儿童安全、健康、受教育等权益得到有效保障。本项目鉴于学前期亲情对幼儿成长的极端重要性和心理健康的至关重要性，不仅探索和实施了一系列活动，动员和引导家庭监护人与幼儿园教师给留守幼儿更多亲情陪伴和深度关爱，保证留守幼儿快乐健康成长，而且还将亲情缺失的非留守幼儿也作为关爱对象纳入项目工作之中。①

1. 支持家庭照料者和父母给留守幼儿更多陪伴，多与留守幼儿交流互动

"农村 3—6 岁留守儿童心理健康促进项目（2015—2018）"课题组给留守幼儿及其照料者和远在外地的父母提供了一些支持性的活动，使照料者多

---

① 编者注：课题组在项目调研和实施中发现，幼儿期的亲情缺失在农村不仅限于留守幼儿，情况比较复杂。主要包括三种情况：第一种，类似留守幼儿的亲情缺失。有好几个孩子妈妈去世了，爸爸又外出打工；还有几个孩子父母离异或妈妈出走，爸爸外出打工。这些孩子长期缺失或缺少父母的关爱。第二种，母爱缺失或缺少。有几个孩子妈妈去世、出走或长期外出打工，爸爸在家，但对孩子照顾少、关爱少。这两种孩子主要由奶奶或其他祖辈照管。第三种，缺少父爱。有少数几个孩子爸爸长期外出打工，妈妈照管孩子，但孩子的发展出现了不同程度的问题。在此特别说明，这些幼儿虽然不属于留守幼儿概念范畴，不计入统计数据，但也属于留守幼儿项目的关爱工作范畴，因此本书正文也收入了这三类幼儿的案例。

陪伴留守幼儿，更深入地了解留守幼儿的情感需要，关注留守幼儿的情感体验，给予留守幼儿更多的关爱。例如，在每月一次的集体生日会活动中，留守幼儿能够得到老师和同伴的祝福；此外，幼儿园还邀请爷爷奶奶来参加活动，请远在外地的父母给留守幼儿写信或录视频，让留守幼儿感受到亲人的关爱和祝福。本项目还支持留守幼儿每月用绘画配以简单文字的方式给父母写一封信，表达自己的感情；支持父母回信并且让老师读给留守幼儿听，让留守幼儿感受到父母的关爱。由于这些活动的带动，许多父母与留守幼儿交流互动的次数增加了，甚至一部分父母回家看望幼儿的次数也增加了，还有少数母亲受到影响选择留在家里陪伴幼儿成长。

2. 设计与实施专题教育活动，培养留守幼儿的亲情与积极情绪

根据留守幼儿的情绪与社会性发展的状况，特别是突出问题，"农村 3—6 岁留守儿童心理健康促进项目（2015—2018）"课题组为小、中、大班的幼儿设计了具有渐进性的五个单元的教育活动。活动设计巧妙生动、温馨感人，充满了对留守幼儿情感的关爱与心灵的呵护，以便让留守幼儿在生动有趣的教育活动中体验到浓浓的亲情和满满的关爱。第一单元"爸爸和妈妈"旨在让留守幼儿懂得爸爸和妈妈是最爱我们的人，无论他们在不在我们身边，他们永远爱我们。第二单元"亲情与表达"重点鼓励留守幼儿用多种方式表达对亲人的爱，学习用各种词汇表达想法、心情和感受。第三单元"爷爷和奶奶"重点让留守幼儿懂得爷爷和奶奶非常爱我们，付出很多，我们要尊重、关心和爱爷爷奶奶。第四单元"安全与自我保护"旨在让留守幼儿具有安全意识和自我保护能力，拥有快乐、丰富、安全的童年生活。第五单元"惊喜与发现"重点让留守幼儿懂得生活中有很多新奇与惊喜等待我们发现，乐于想象、富有创造力会让我们更加快乐。这些活动有效提升了留守幼儿的情感表达与交流能力、情绪识别与调节能力，进而提升了留守幼儿的社会性发展水平和语言表达能力。

3. 营造良好的社会关怀氛围，让更多的人投入到关爱留守幼儿的行动中

"农村 3—6 岁留守儿童心理健康促进项目（2015—2018）"实施的过程也是引导和带动的过程，承担项目实施工作的甘肃、陕西、河北、河南、重庆和江苏六省市的课题组成员以其无私的爱和奉献精神，创造性地开展了项目工作，不仅建立了区县优质园与辖区内留守幼儿集中的项目园的对口帮扶关系，保证了项目各项关爱活动的落实效果，还创造性地进行了家庭对应关爱、大学生与留守园教师对应互助支持等其他活动。这些活动对留守幼儿家庭和非留守幼儿家庭、现任的幼儿园教师和未来的幼儿园教师来说，都是生动地倾听幼儿心声和理解幼儿的教育培训活动，使他们带着对幼儿更深刻的理解和关爱为人父母或为人教师。

在一些地区，由于项目活动的带动，地方政府和相关社会团体也投入了关爱留守幼儿的活动，《国家贫困地区儿童发展规划（2014—2020 年）》和《国务院关于加强农村留守儿童关爱保护工作的意见》注重留守幼儿心理健康教育和亲情关爱的相关要求正在学前教育阶段贯彻落实，以家庭和幼儿园为主的多主体关爱模式正在探索和形成中。

行动效果：留守幼儿和相关教养者都得到更好的发展

中国教育科学研究院主持的"留守儿童项目"从 2014 年至 2021 年开展了四期："陕西省学前留守儿童心理健康促进项目（2014—2015）"，"农村 3—6 岁留守儿童心理健康促进项目"（2015—2018 一期，2018—2019 二期）和"城乡阳光儿童项目（2020—2021）"。项目人员在实施过程中不断总结经验，改进行动策略，在完善项目组织管理、积累支持园和项目园的工作经验、提升教师的专业水平和家长的教育能力、促进 3—6 岁留守儿童的心理健康和社会性发展等方面都取得了良好的效果。《关爱留守幼儿在行动：路径与方法》这本文集就是项目成效丰富又生动的例证。

1. 建立了辖区内常态化的关爱体系和工作机制

项目实施的地区依托教育科研单位、教师培养院校、示范性公办幼儿园等机构和人员的力量，构成了市、区（县）、幼儿园三个层面互相衔接的项目工作机制，通过项目园与支持园的对口协作，有力地推动了项目的实施。一些项目地区把关爱留守幼儿的工作内容纳入了日常教研工作，不仅使该内容成为幼儿园教师的工作内容，而且使教师的工作质量通过教研活动得到了不断提升。

2. 教师的相关专业意识和专业能力得到明显提高

"农村 3—6 岁留守儿童心理健康促进项目（2015—2018）"在幼儿园层

面的工作主要包括单元主题活动、生日会活动、日常生活的渗透、支持亲子联系等，能帮助项目园和支持园的教师深入理解和实施《幼儿园教育指导纲要（试行）》和《3－6岁儿童学习与发展指南》健康领域和社会领域的教育内容，提升对幼儿情感和社会性教育的理解力。通过活动，教师不仅明显改变了儿童观、教育观，而且明显增强了关爱幼儿心理和情感的意识，还提高了观察幼儿、体察幼儿内心感受、有针对性地实施个别化教育的能力。

3. 幼儿得到了多方面的关爱、支持与发展

通过一系列持续又深刻的关爱活动，幼儿的变化令人欣喜和感动。本文集中收录的教育案例和幼儿成长案例，生动有力地说明了幼儿的成长变化。幼年的留守生活使许多幼儿或多或少地出现了一些心理方面，特别是情感、语言表达与交流以及社会性发展方面的问题。依循项目的理念和思路、策略和做法，教师根据幼儿的具体情况，以真爱为情感底色，创造性地开展了关爱活动和个别化教育工作，有效地温暖了幼小的心灵，促进了幼儿的心理、情感与社会性的良好发展。

4. 父母和日常照料者的观念与行为明显改变

许多项目园建立了留守幼儿档案和教师与留守幼儿照料者定期或不定期交流的制度，提供了许多机会让留守幼儿照料者参与幼儿园活动，了解幼儿园在留守幼儿关爱方面的理念和做法，了解幼儿在幼儿园的情况。总项目组还在总结各省市积累的经验的基础上编制了留守儿童家长指导手册（见附录呈现的《阳光儿童项目家长手册：亲情互动，爱在行动》），通过宣讲、参与式活动等，让家长了解了对幼儿该做什么事情、不该做什么事情，对幼儿能说什么话、不能说什么话。通过一系列活动，家长的教育观念和教育方式有了明显改变，比以往更加关心幼儿的心理感受和情感需要，增加了与幼儿沟通交流的次数。有的妈妈毅然放弃了外出打工，回乡陪伴幼儿成长。这些变化无疑将对幼儿的生活产生积极且深远的影响。

受本项目的工作范畴、内容和方式所限，从总项目组的核心团队到各省、区、市层面项目人员，他们的精力、能力和经验有限，尽管我们怀着一腔热情持续地努力工作，但是需要商榷的东西很多。城乡一线的园长和教师更是倾心倾情、尽心尽力，长期付出了艰苦的劳动，但经验和案例中的疏漏

之处在所难免，期望广大读者给予批评指正和宽容谅解，期望更多的人关注
学前留守儿童，留守幼儿父母设法多与孩子交流、相聚，幼儿园和家庭努力
改善留守幼儿的教育环境，全社会都给予留守幼儿更多的关爱、支持和引
导，让留守幼儿的童年生活能够快乐、后继学习能够顺利、整个人生能够
幸福。

刘占兰

目 录

第一篇

组织管理：三级联动，聚力共情

关爱学前留守儿童涉及多层面、多群体的协同工作。以往，学前教育领域对留守幼儿关注少，而且关爱活动比较散乱，随意性强。相关的理论研究和实践经验证明，对学前留守儿童的关爱工作需要系统的、有计划的活动，只有动员和挖掘与留守儿童直接相关的资源，形成共同关爱的氛围，才能收到良好的效果。在过去几年的时间里，河南、河北、陕西、甘肃、重庆、江苏六省市在实践中已经取得了丰富的经验，使数万名学前留守儿童得到了有效关爱。这些省市将促进学前留守儿童心理健康发展纳入幼儿园的工作内容，依托教研或其他学前教育专业队伍，建立市—区（县）—幼儿园三级关爱工作机制，科学设计学前留守儿童关爱活动，有效提升幼儿园教师的专业能力。

第一，依托教研或其他学前教育专业队伍实施关爱工作。学前留守儿童关爱工作是一项需要投入高度责任感的专业性工作，依托学前教育教研队伍或大专院校学前教育专业队伍，开展有组织的、专业性的关爱工作，采用科学严谨的态度、探索研究式的工作方式与幼儿园教师一同工作，能够取得更好的效果。例如，以保护幼儿隐私、呵护幼儿心灵为基本前提和首要任务，深度关爱；遵循不公开或不突出幼儿的留守身份、不贴标签等基本工作原则。各级教研组织或其他学前教育专业队伍既了解学前教育的特点，又懂得留守幼儿的心理需求，还能给予一线教师专业支持和指导，是开展农村留守幼儿关爱工作可信任的力量。

第二，建立市—区（县）—幼儿园三级关爱工作机制。根据实践经验，建立三级组织，系统推进工作，是保证学前留守儿童关爱工作的有效性的基本前提。三级组织的建立能够保证层层有人抓，事事能落实。这些省市把学前留守儿童关爱工作纳入各层级的学前教育工作范畴，根据各地农村幼儿园留守幼儿的数量和具体情况，采用合适的工作方式。在本篇各地的实践中，我们会看到一些更系统、更细致、更规范的组织机制、工作制度和工作模式。各级管理者和参与者，一方面努力增强自己重视留守幼儿关爱工作的意识；另一方面努力提高自身的专业水平和工作能力，力图用专业的方式给予留守幼儿更适宜的呵护。

第三，科学设计学前留守儿童关爱活动。走过场的、散点式的关爱活动不能取得良好的效果，有时还会加重留守幼儿自身及其照料者的心理负担。因此，必须有精心的系统设计。在六省市"留守儿童项目"实施的七年间①，课题组系统设计的活动主要包括以下四项内容。第一，亲情图书角。为留守幼儿提供促进亲情认知、情感体验和情感表达的图画书，供留守幼儿自主阅读或与同伴交流。第二，主题教育活动。为留守幼儿设计五个单元的教育活动：第一单元"爸爸和妈妈"，第二单元"亲情与表达"，第三单元"爷爷和奶奶"，第四单元"安全与自我保护"，第五单元"惊喜与发现"。在留守幼儿集中的幼儿园，教师组织这些主题活动，支持和引导幼儿体会浓浓的亲情，感受他人的温暖与关爱，发现生活的美好。第三，集体生日会。以月为单位，为当月过生日的留守幼儿举行集体生日会，加强留守幼儿与爸爸妈妈的联系，通过有仪式感的活动让留守幼儿体会对生命的尊重，感受自己的重要和来自他人的关爱。第四，亲情家书。以正式、郑重的方式建立留守幼儿与外地父母的联系，让留守幼儿体会亲情和交流的重要与必要，与父母相互表达心声和思念之情。这四项内容是六省市"留守儿童项目"必须实施的活动内容，在本篇的经验中常被称为"规定动作""规定内容"。在此基础上，各地还创造性地开展工作，深化和拓展了活动内容，积极吸纳幼儿园教师和留守幼儿父母、直接照料者(爷爷奶奶或其他人)广泛参与。

第四，有效提升幼儿园教师的专业能力。除家庭照料者外，幼儿园教师是留守幼儿最直接的教育者，也是陪伴留守幼儿时间较长的人，因此，提升幼儿园教师关爱留守幼儿的意识和专业能力特别重要，直接关系到留守幼儿的心理感受、社会性发展和心理健康。幼儿园教师相关专题培训、现场观摩指导和教研活动是提高教师关爱意识和专业能力的重要途径与有效方式。在本篇的经验中，各地根据自身情况和专业力量，创造性地采用多种有效方式，极大地提升了幼儿园教师关爱留守幼儿的意识和专业能力。

总之，六个省市通过市级层面的系统组织、整体推进，区(县)级层面的创造性具体实施，幼儿园层面的丰富的教育活动和对父母、直接照料者的有效带动，形成了关爱学前留守儿童的人文环境和生态圈。这是学前留守儿童身心和谐健康发展的需要，也是建设相互关爱的和谐社会的必然要求。

---

① 见本书"序言"部分：六省市"留守儿童项目"是中国教育科学研究院主持的项目，从2014年至2021年经历了四期，"陕西省学前留守儿童心理健康促进项目(2014—2015)"，"农村3—6岁留守儿童心理健康促进项目"(2015—2018年一期，2018—2019年二期)和"城乡阳光儿童项目(2020—2021)"。

第一章　市级系统组织，整体推进

·情系留守，凝心聚力

农村留守幼儿心理健康教育是当前学前教育的薄弱环节之一。2015 年 9 月，重庆市参加了"农村 3—6 岁留守儿童心理健康促进项目"(以下简称"农村留守儿童项目")工作。在这一过程中，我们以问题为导向，以"爱心""耐心""细心"为基石，本着"规定工作保质完成，创新举措高效提质"的原则，扎实开展了总项目的各项工作，大胆探索了促进中班留守幼儿心理健康发展的有效方法。

一、完善机制，提供制度保障

项目组在建立四级管理网络、三级研讨制度、项目留守幼儿成长档案制度、监护人沟通制度的基础上，更多在"实"字上下功夫，做实过程，追求实效，新增了指导制度、研修制度、评价制度、联动制度，为提升项目的实效提供了保障。

(一)"1＋N"的指导制度

"1"是指市级项目指导团队每学期对每个区(县)定期集体指导 1 次，区(县)级指导团队每学期定期集体视导项目园 1 次，园级领导每学期深入每个项目班 1 次。

"N"是指每学期不同指导团队随机深入项目区、园、班级多次。视导的内容为：观看 1 次主题活动，访谈幼儿，召开园长教师座谈会，查阅项目档案资料，观看图书区环境创设和幼儿的使用情况。

此外，我们还完善指导团队人员职责，强化服务意识，从而为项目工作的开展做好指导和服务工作。例如，针对同类绘本数量不够、开展绘本教学不方便的情况，重庆市合川区区级指导团队一方面将项目教学活动要用的 10 本绘本全部扫描，形成电子版送给每个项目园，发挥多媒体教学的作用；另一方面安排项目园每月的绘本教学采用同类图书集中、内容交错安排、班级轮流使用的形式，保证每个项目班在开展每个绘本教学活动时，都能做到幼儿人手一本。

(二)"1＋2＋N"的研修制度

"1"是指每年项目启动前全市项目园园长、教师集中参加培训 1 次，落实国家级培训内容。

"2"是指每学期市级项目指导团队组织全体项目园教师现场研讨、交流活动 2 次，总结会 2 次(学期中 1 次，学期末 1 次)。

"N"是指各项目区开展现场研讨、培训活动多次。

(三)多主体评价制度

项目评价工作由原来市级项目指导团队对每个区(县)进行评价改为由区(县)互评加市评，由原来的市级项目指导团队统一统计测试数据改为区(县)负责人交叉统计，这样不仅提高了区(县)负责人对项目工作的熟悉度，而且促进了区(县)之间的交流。通过评价，本区(县)找到了工作中存在的问题，从而可以更好地改进工作。

(四)多向联动制度

多向联动制度具体为指导园到项目园送教制度，项目园班级间听课研讨制度，指导园与项目园交互学习制度，指导园与项目园联谊制度，家长交流制度等。

项目开展的第一年，指导园到项目园送教 60 余人次；交流学习(教师与教师、家长与家长)50 余次；开展大型联谊活动 10 余次；指导园向项目园赠送图书 1000 余册，玩具 500 余件。多向联动制度给项目园带去了切实有效的指导和帮助。

二、做实常规活动，保障工作实效

各项目区(县)积极开展实践研究，精心开展总项目组规定的常规工作，促进了留守幼儿的心理健康发展。

(一)创建亲情图书区，使阅读润泽心灵

重庆市项目园大部分的园舍都是 20 世纪 90 年代初期修建的，活动室面积一般为 45 平方米左右，各项目园利用有限的空间因地制宜地创建亲情图书区。

第一，公共区域巧妙利用。除了创建图书区外，有的项目园利用楼道转角处的公共地带创建亲情图书区，供家长与幼儿自由阅读，满足幼儿的阅读需要。

第二，班级墙合理规划。有的项目园由于活动室特别小，项目教师动手自制布袋挂在墙上，创设墙面图书区，深受幼儿喜爱。

多形式的图书区拓展了幼儿阅读的空间，使幼儿在阅读中获得了发展。

(二)举办集体生日会，使幼儿体验家的温暖

对于留守幼儿来说，生日，不仅仅是吃蛋糕，更重要的是体验温暖的情感。为使每个留守幼儿都能过上一次有意义的生日，项目园的教师精心设计每月一次的集体生日会。集体生日会前有的班设计了心愿卡，让过生日的幼儿以图文的形式表达自己的心愿，教师了解后尽量在集体生日会上实现幼儿的愿望。

(三)传递亲情家书，增进亲子交流

写信、收信是幼儿最开心的事情，幼儿喜欢把自己的心里话写(画)出来给父母看，收到父母回信时是幼儿最幸福的时刻，亲子感情在书信往来中增进。

除了传统的书信交流，教师还利用现代信息技术手段来实现每月一次的家书交流，具体形式如下。

第一，设立亲情号码。有的项目园专门设置留守幼儿亲情电话，配置视频聊天室，供留守幼儿与在外打工的父母联系使用，并且指派专人做好相关记录，以增进家长与幼儿之间的感情。

第二，创设留守幼儿之家。有的项目园为每个班级提供笔记本电脑，设立亲情聊天角。家长和幼儿通过电脑视频聊天，通过画面传递亲子感情。

第三，亲情沟通 QQ 群。每个班创设 QQ 群，教师及时上传幼儿参加各种活动的照片、教育故事、幼儿的作品、父母的回信、教育经验等，让父母看到幼儿的成长变化。同时，教师动员经济条件较好的家庭为留守老人添置智能手机，手把手教老人或者发动班级年轻的志愿者家长指导老人进行微信视频，让留守老人、幼儿能自主与远在外地的亲人随时联络感情。

(四)开展主题教学活动，培养健康心理

在开展教学活动前，教师对幼儿日常生活中的各个方面进行了评估。项目班教师针对评估结果，根据本班幼儿的实际以及总项目组设计的方案，采用集体备课、一课多研、同伴观课磨课等方式实施了10个教学活动，有效完成了活动目标。

三、探索特色活动，实现工作高效

(一)以课题为抓手，深入推进项目研究

为了深化项目研究，让常规项目在有效的基础上走向高效，我们申报了市级规划课题"重庆市农村留守幼儿社会性发展的问题及干预促进研究"，该课题最终被评为重庆市重点规划课题。项目区围绕总课题制定了"培养农村留守幼儿交往能力有效策略研究""农村留守幼儿自我认同感实践研究""培养农村留守幼儿良好行为习惯有效策略实践研究""农村留守幼儿自尊、自信、自主现状及干预策略研究"子课题。课题深化了项目的相关研究，有效促进了心理健康项目的进一步实施。

(二)以提升教师专业能力为抓手，为高效完成项目工作奠基

重庆市绝大多数项目园地处偏远的农村，项目园教师的专业能力水平比较低。为了保证项目任务的完成，我们从提高项目园教师的专业能力入手，探索了一些有效的方法。

第一，牵手共进速入岗。支持园的指导教师牵手项目园的年级组长，解决项目活动中遇到的共性问题和难点问题；有经验的大班项目班教师牵手中班项目班教师，交流大班实践的经验和教训，解决实践过程中的具体问题；老项目园牵手新项目园，从常规管理、活动开展、资料收集、家长工作等方面给予新项目园手把手的指导和帮助，高效率地完成了项目工作。

第二，共研互学明目标。在项目开展过程中，各项目园立足园本教研，每周开展一次常态教研，始终围绕项目规定的常规活动，聚焦具体问题开展教研活动。比如，在10个绘本教学活动中，教师容易将活动组织成单纯的绘本阅读活动，重视幼儿的语言发展，忽略了在活动中培养幼儿积极的心理。为此，项目园开展同课异构活动，对比分析绘本教学活动与社会活动的异同，聚

焦如何促进心理健康发展，通过思维碰撞，在共同研讨中获得了发展。

教师通过共研、互学，增强了活动目标的针对性，使项目工作顺利开展。

（三）丰富实践活动，促进留守幼儿发展

1. 多形式交往活动，增强自我认同感

项目前测发现，农村留守幼儿自我认同感不强。为了加强此项教育，根据中班幼儿的特点，结合规定任务，项目园开展了一系列活动。例如，开展"知心玩伴手拉手交朋友"活动，让幼儿感受同伴的支持和关爱，在交往中树立自信；此外，还开展了"联谊班级点对点游戏"等活动。

2. 多样化社会实践活动，提高适应能力

在生活中学习、在实践中学习是幼儿学习的重要特点，教学应该向幼儿的生活世界回归。为此，我们在完成10个绘本活动的同时开展了一系列实践活动，如参观火车站、包饺子、穿衣服、扣扣子比赛等，让幼儿在真实的社会情境中快乐学习，健康成长。

3. 联谊活动，提高交往能力

留守幼儿长期在家与祖辈生活，与外人接触少，缺少与他人交往的经验。针对此情况，项目园开展了系列联谊活动，帮助留守幼儿走出自我世界，自信大方地与人交往，阳光快乐地成长。例如，项目园留守幼儿代表到指导园过新年的活动，看似是一次普通的联谊活动，实则交织着各种思想和观念。指导园教师经历了一场究竟是"轰轰烈烈献爱心，感动自己和别人"还是"邀请客人来做客，平平等等过新年"的思想碰撞，项目园教师围绕着"挑听话的乖孩子去做客"还是"让孩子自己来决定是否参加"，"要不要带礼物去做客"等议题展开了多次讨论。最后，项目园教师一致决定，把决定权交给幼儿，并开展了一系列相关的主题活动，如"去做客的礼仪""外出安全小常识""送朋友的新年礼物"等。首先，主题活动开阔了指导园教师的眼界，使指导园教师学会了以平等、尊重、分享的视角看待项目园；其次，主题活动转变了项目园教师的观念，使项目园教师学会了从幼儿的视角去看待问题，从促进幼儿发展的角度去设计活动。

4. 传递爱心，激发爱的情感

为了让留守幼儿感受爱，项目园采取了以情激情、以爱育爱等举措。例如，重庆市江津区白沙幼儿园成立了以教师、高校实习生为主要成员的关爱留守幼儿志愿服务队，开展党员与留守幼儿结对帮扶活动，每月定期深入留守幼儿班级、家里，陪留守幼儿一起过集体生日、一起学习、一起游戏、一起玩耍；每月至少找留守幼儿谈心 1 次，至少与其照料者交谈 1 次，并建立帮扶关爱档案。

通过一年的项目工作，我们看到了留守幼儿心理健康方面的变化，感受到了家长亲情的迸发，激发了社会对留守幼儿的关爱。

（重庆市教育科学研究院　　徐宇　周劼）

·关爱留守融入支教活动，助力教师专业成长

教育帮扶是我们教研室重要的工作内容，幼儿教育特别是农村幼儿教育是支教中的薄弱环节。多年来，我们以多种形式支持农村幼儿教育，帮助基层教师实现专业成长，使农村的幼儿也能接受到优质的教育。

一、找准基层教师的问题，确立支教重点

在早期的支教过程中，支教教师与当地教师研讨交流不多，倾听当地教师的困惑和问题的机会不多；当地教师也是看一点学一点，日子一久还是老样子。支教的总体效果不太理想。分析原因不难发现，首先，基层教师的工作积极性不高，大多教师认为只要不出事，教幼儿写写画画就可以了；其次，基层教师的专业水平相对较低，对幼儿学习特点和发展规律理解不透彻，认为幼儿是"小孩的身子大人的心"，像对小学生一样进行课程教学，对游戏不太重视；再次，基层教师在学习中的主动参与性不强，喜欢观摩直观生动的教学示范活动，以及简单的舞蹈和手工操作，喜爱模仿；最后，基层教师的反思能力不强，在日常教学活动中不善反思，不善迁移，积极创新的动力不足，缺乏由点及面、举一反三的能力。

针对以上问题，我们决定调整支教计划，改变方式，重点激发当地教师的内生力量，即教师自我发展的能力，帮助他们自我学习、自我思考、自我行动，从被动"输血"到主动"造血"，实现自我成长。

恰逢 2015 年我们开始参加"农村留守儿童项目"的实践研究。我们决定

以此项目为契机，转变支教方式。

在项目开展前的调研中我们发现，当地教师对留守幼儿的认识只是停留在"父母外出打工、爷爷奶奶照顾孩子"上。教师们谈起留守幼儿的一些问题时，感到很头疼，不知该如何教育引导，采取的教育方式简单，效果不佳。

基于此，我们把引导教师了解幼儿作为支教的突破点。

我们组织教研活动，引导教师思考是否知道留守幼儿与非留守幼儿有哪些不同的问题和表现，为什么会有这样的问题和表现，该怎样对症下药、因材施教。研讨中，有的教师说："没留心这些孩子有什么不一样的表现。"有的说："可能有些孩子天生脾气坏，有的孩子天生胆子小，有的缺乏管教……"可以看出，当地教师对幼儿的情感需求和心理问题不重视，找不出根本原因。于是，支教教师就给他们讲述自己面对"问题"幼儿的教育故事，引导他们明白影响幼儿成长的因素有多种，如遗传、环境、家长、同伴、教师等，要解决问题，就必须知道问题产生的原因。接着，大家开始共同研讨怎样才能从根本上了解幼儿。最后大家一致认为，静下心来和幼儿谈谈、和家长谈谈，是迅速了解幼儿的可行方法。这时，支教教师再次深入启发：如果你是家长，你希望听到教师告诉你什么？如果幼儿有缺点或问题，怎样说才能被家长接受，并获得家长的配合？当地教师思考之后，决定设定目标和制订计划，分别与幼儿谈心，分工定期开展家访工作，为幼儿建立全方位的档案信息卡，了解幼儿的家庭和心理等状况，在此基础上找出对策，调整教育行为，精准帮助每一个留守幼儿。

二、了解幼儿的故事，唤醒爱心和责任感

走近、了解幼儿较直接的方式是家访。家访伊始，尽管当地教师有一定的思想准备，但还是被现实深深触动。小赵老师在日记中写道：

第一次家访是到小城家，他家就在养牛场旁边。小城来幼儿园时，鞋子上总是带泥，几乎没有一天是干干净净的，一不小心就弄脏了教室的地面，这让我有些嫌弃，就让他带了双备用鞋。……快到小城家时，眼前掺杂着牛粪的泥洼地难住了我们。正在发愁之际，小城的奶奶在不远处看见了我们，拉着一辆破旧的人力三轮车，吃力地走了过来。她说："就怕你们过不来，我来拉你们。"看着奶奶苍老瘦弱的背影，我的心里隐隐作痛。在交谈中我们得知，小城的爸爸在外打工，妈妈改嫁，小城就跟着奶奶生活。为了小城上

学，奶奶才从山上的窑洞搬到了山下村里的学校旁边。看着这一切，我心里特别难受，虽然小城不是留守幼儿，但他特别需要我们的关爱，我特别懊悔以前对小城的忽视。

除了家访，通过项目设计的前后测我们发现：85%以上的幼儿需要教师积极与他们互动才能进入调查活动，小班幼儿所占比例更大；留守幼儿在提供的情景测试方面不同程度地流露出对爸爸妈妈的想念；祖辈照护的幼儿中94%以上回家以后就是看电视、自由玩耍，没有人陪伴他们看书、玩游戏。这些幼儿的家庭教育状况堪忧，心理健康受到了不同程度的影响。

一位参加测试的教师写道：

测试开始，小女孩来到我跟前，用怯怯的眼神望着我，一下子就把我的心给揪了起来。当我问到爸爸妈妈的工作时，孩子只会说在外面干活。问爸爸妈妈喜欢什么，是不是经常和爸爸妈妈通电话等问题时，孩子闭口不答，眼泪在眼眶里打转。看着她那稚嫩的小脸，我心里五味杂陈。作为教师，我怎么现在才发现孩子是这样的状况呢？

结合这些测试结果，教师们认真观察幼儿在园的表现，发现：有些幼儿自觉地和自己情况相似的同伴在一起，不愿和其他同伴交往；有些幼儿与他人交流时胆怯、不自信、说话少。真实的现状不断冲击着教师们。面对这些稚嫩的幼儿，同情心被激发，责任感油然而生，教师们开始思考：怎样做才能给予幼儿更多的关爱？怎样做才能满足幼儿情感上的需要？怎样做才能给予幼儿更多的心理抚慰？怎样做才能担负起教学之外的责任……

三、体验游戏，深刻理解幼儿的学习方式

《3—6岁儿童学习与发展指南》提出要理解幼儿的学习方式，以游戏为基本活动，寓教育于各项活动之中。刚开始和当地教师共同活动时，他们大多默不作声，参与活动的积极性不高，对自己的专业能力明显缺乏自信。为了帮助教师更加深刻地体验游戏的价值，我们组织当地教师回忆小时候的游戏，并组织他们亲自参加游戏，体验游戏带来的思考和收获。在"不倒森林""能量传输"等游戏中，教师们玩得很投入。一开始总是失败，但是他们没有放弃，一遍遍尝试，不断改变游戏方案，终于完成了游戏任务，体验到了成功的喜悦。

参与游戏后，教师们交流了做法和感悟。他们说，通过直接体验游戏，感受到了同伴间的相互帮助与协调合作，以前将幼儿游戏仅仅看作玩耍是不对的，以后要充分理解幼儿的学习方式，以幼儿的直接经验为基础，通过游戏和日常生活，帮助幼儿直接感知、实际操作，使幼儿在亲身体验中获取知识、经验，逐渐养成敢于尝试、合作、专注、坚持等良好的学习品质。

四、变被动为主动，助力教师专业成长

每每看到支教教师自信地组织活动时，当地教师都非常羡慕，但当地教师把自己放在了从属位置，主动性和积极性不高。为此，我们对支教教师提出了新要求：必须帮助当地教师变被动为主动，引导他们从看到学，独立执教。根据乡村幼儿园教师理论欠缺、专业能力弱等特点，支教教师有针对性地予以指导和帮助，既在各个阶段面向全体教师提出了总要求，又对重点教师进行了追踪帮助，点面结合，帮助他们科学合理地制订个人发展规划，从引导教师学会观察幼儿、记课堂随笔、写课后反思开始，逐步过渡到帮助教师发现问题、分析问题、创造性地解决问题，从而不断提升教师的自我学习能力和专业水平。

五、感受教育的力量，全身心投入幼儿教育

随着支教活动的深入开展，当地教师的爱心和责任心被激发了出来。他们开始自觉自愿、充满感情地走近留守幼儿，仔细观察留守幼儿在生活和学习中的表现，对留守幼儿有了新的认识，同时，以自身的言谈举止关爱、呵护留守幼儿，对留守幼儿的情感需求予以满足。由于教师有了关爱幼儿的意识，他们还发现了那些困难家庭中同样需要特别关爱的孩子。

比如，某园的小涵小朋友，不爱与人说话，参加活动的积极性不高。教师每次询问时，他只是摇头或点头。家访时，教师了解到小涵的父亲双腿残疾，靠轮椅行动，母亲离家出走多年，全家主要靠爷爷奶奶务农维持生计，生活极其艰难。看着这个困难孤单的孩子，教师专门制订了一项温暖的计划：每天一到幼儿园，就给他一个大大的拥抱，告诉他大家都在等着他；教育活动中，经常叫他的名字，鼓励他勇于表达；放学时，拉着他的手把他交到奶奶手里，笑着挥手说再见；他表现积极的时候，就给他贴上小红花；他一个人发呆时，就叫上其他小朋友拉他一起玩游戏；他遇到困难不知所措

时，就拥抱并安慰他，告诉他不用怕，还有大家在他身后；鼓励他在家里多跟爷爷奶奶沟通。几个月后，小涵爱笑了，会和小朋友们一起快乐地玩游戏了，且越来越自信、越来越活泼了，还交到了很多好朋友。

当地教师真实地体验和理解了幼儿及其家长的难处后，不断走进幼儿家庭或请家长进园观摩交流，帮助家长转变观念；交流沟通时讲究方式方法，先说优点，再讲育儿知识，最后把问题讲给家长听，共同协商解决办法。久而久之，教师的爱心打动了家长，他们慢慢尝试着向幼儿表达感情，协同教师共建家园关爱网。

坚持不懈的支教工作，使得当地教师在活动中不断成长，内生力量不断被挖掘出来，对工作的热情越来越高，对幼儿的关爱无处不在。他们打开思路，不断创新工作形式。比如，组织部分留守幼儿到志愿者家里做客，在家庭温馨的氛围中，有计划地将礼仪教育、行为习惯、社会交往、情感培养等内容渗透到轻松的活动中，让幼儿在潜移默化中受到影响；开展"老师带我回家"活动，周末由一位教师带几个留守幼儿回自己家生活，让他们体验教师的关爱；有效挖掘并利用教育资源，带领幼儿走进超市、博物馆、旅游景区等地方，让幼儿体验生活的丰富多彩，激发幼儿的好奇心和探索欲望；到医院和养老院看望病人和老人，让幼儿感知自己也有帮助他人的能力，体会被需要、有力量的感觉。

我们看到，支教活动慢慢变作一颗种子，植入了教师们的内心，逐渐生根发芽。支教活动点燃了教师的学习热情，引导教师重新认识幼儿教师的职业价值，加深对幼儿教育的理解，帮助教师树立新观念、掌握新方法。当地教师在支教活动中不断被激励着、磨炼着，改变着固有的、陈旧的教育观念，自我反思，悄然成长。

（河南省基础教育教学研究室　　李丽）

第二章　区(县)勇于创新，扎实实施

·让爱具化，共生共长

重庆市武隆区地处渝东南乌江下游，是典型的农业区。参加"农村留守儿童项目"以来，我们根据项目要求，组织 5 所项目园的 78 名教师开拓创新，扎实开展实践活动，让爱具体化、可触化。活动惠及 845 名留守幼儿，为重庆市武隆区学前教育质量的提升贡献了自己的力量。

一、强化组织管理，让关爱活动常态化

高度重视，提供保障。一是区政府明确把留守幼儿关爱工作纳入政府为民办实事项目。二是区教委和进修学校大力支持项目工作。三是项目园园长高度重视并全力推进项目工作。

组织保障，履行职责。我们根据工作重点和研究课题，建立并完善相关制度，保证工作落到实处。我们建立了四个机制：一是区级成立了项目领导小组、指导小组；二是项目园成立了以主要负责人为组长的项目工作领导小组，责任到人；三是建立了项目研修学习制度；四是建立了项目管理制度，计划总结、经验交流、例会召开、考核评比等都有完善的制度保障。

相关工作，统筹兼顾。我们做好了前后测、资料归档工作以及计划总结工作等。

二、做好五个关键事件，让关爱活动充满爱

绘本教学多感受，让幼儿理解爱。教师们反复学习专家示范课视频，认

真开展了 10 个绘本教学活动，积极动脑开展延伸活动，充分挖掘绘本的教育价值，两年共开展绘本生成活动 200 次。

集体生日多形式，让幼儿感受爱。每月一次的集体生日会，充分挖掘生日会的教育价值，有机地与节假日活动、亲子活动、社区活动相融合。

亲情图书多温暖，让幼儿学习爱。注重亲情图书角氛围的营造，提供内容丰富、适合幼儿特点的图书，照料者和教师坚持与幼儿一起阅读，体验阅读的快乐。

亲情家书多方法，让幼儿表达爱。坚持每月开展一次亲情家书主题活动，形式多样化，如书信、亲情电话、视频聊天、微信群、QQ 群、亲子沙龙等，内容更丰富。两年来，我们共寄出 1331 封信，回收 1045 封；视频聊天或通话 843 次。

队伍建设多人文，让我们传递爱。在项目实施过程中，教师培养特别注重以人为本和人性化管理。让我们的教师拥有爱，进而在保教工作、家长工作、社区资源开发中传递爱。

三、积极探索，不断创新，让关爱活动落在实处

(一)队伍建设多途径，让爱专业化

专业化发展是教师成长的重要基础，是顺利实施项目工作的重要保障。我们通过以下途径抓队伍建设，促进教师专业化发展。

1. 建立一项制度

建立了研修学习制度，如学年初的二三级(区级、园级)培训，每月专题研修学习，每月每位教师完成"三个一"(设计一个典型活动、写一篇反思或案例、阅读一篇关于项目研究的好文)并及时分享。此外，教师自学也有制度要求。

2. 开展两种活动

一是研训活动。以项目工作为载体，构建研训一体教师专业发展模式。每月的研训专题活动基于项目中教师的共性问题，寻找典型案例进行案例共析，最后总结、提炼、梳理。研修学习形式多样：立竿见影式理论学习、润物无声式交流学习、入木三分式反思学习、各抒己见式反馈学习。

二是实践活动。进行返岗实践研修，进而再生专题，进入下一个专题研讨活动。

3. 结成三个对子

区级层面结成三个对子：骨干教师与项目园结对，骨干园与薄弱园结对，项目园与非项目园结对。项目园内还实行中班项目教师与小班项目教师结对，项目教师与非项目教师结对。

4. 做到四个结合

项目活动与区研训活动相结合，与课题研究相结合，与课程实践相结合，与骨干培养相结合。

(二)绘本阅读多体验，让爱立体化

在开展绘本教学时，教师总是把握不住绘本教学的核心价值，为此我们开展了体验式绘本教学的专题研修学习和课题研究：将阅读延伸到让幼儿亲身体验，将体验作为阅读的升华，在丰富幼儿情感的同时唤醒其活泼开朗的天性。

1. 创设良好的阅读环境，激发幼儿"想读"的愿望

环境是绘本阅读的良好向导，班级创设符合幼儿年龄特点的亲情图书区和图书室，激发幼儿"想读"的愿望。绘本教学从图入手，由情而出，活动目标落在幼儿的情感体验上，让幼儿、家长、教师一起爱上绘本，调动幼儿快乐的情绪情感，让幼儿更好地理解故事内涵，从而提升绘本教学活动的质量。

2. 体验愉快的阅读感受，营造幼儿"爱读"的沃土

教师、家长和幼儿共同寻找愉快的阅读感受。幼儿将自己喜欢的图书带到幼儿园与小朋友分享；幼儿可以借幼儿园的图书回家阅读；幼儿园创设无边界图书室，师幼共同阅读，体验阅读的快乐。

3. 创设体验式阅读情境，搭建幼儿"会读"的舞台

一是教师充分利用图画书，根据故事创设真实的阅读情境，让幼儿能够身临其境地感受故事内容，尽量让幼儿在与绘本中的环境相似的环境里进行阅读。在实际的阅读教学过程中，并不一定每次都能寻找到与故事情境相似的真实情境，有的故事情境很难再现，这就需要教师通过增加辅助材料，创设虚拟的阅读情境，将幼儿引入故事情境。在阅读活动中增加一些阅读情境，

不仅能帮助幼儿理解故事，而且能够在一定程度上做到"教育无痕化"，达到寓教于乐的效果。

二是体验绘本与幼儿的表演游戏相结合。幼儿园表演厅设立专门的绘本表演剧场，各班定时去开展表演游戏。幼儿可以自主选择绘本、师幼自制道具、自主装扮进行绘本表演；幼儿可以利用柜子，在里面放入故事中的皮影、木偶、手偶以及动物、人物和背景卡片，进行皮影、木偶等绘本表演。表演时幼儿打破年龄和班级限制，与同伴、哥哥姐姐、弟弟妹妹、教师、家长等一起讲述绘本、表演绘本。在班级表演区里，幼儿可以随时读绘本、说绘本、演绘本，感受绘本的魅力。

4. 创设情感式阅读情境，构建幼儿"会爱"的平台

教师将阅读与实际生活相结合，唤起幼儿的生活经验，采用多种方法，让幼儿阅读，描述故事人物的表情、情绪，推测故事中人物的想法，猜测故事下一步的发展；将幼儿的具体生活与绘本阅读相结合，培养幼儿的情感体验。比如，绘本《我爱妈妈》的教学，教师让幼儿通过画画、言语等表达自己对母亲的爱。

(三)亲情家书多通道，让爱可触化

1. 最美家书分享，激发亲子情感

"一封家书表心意，回归本真话亲情"，每月每班以最美家书为载体，设计一次家书主题教育活动，通过分享爸爸妈妈的家书、自己设计家书、亲子现场互动等多种形式激发亲子情感。每每分享这样的书信，我们眼里总会噙满泪水。

2. 家书区域活动，促进亲子交流

依托语言区投放自制信箱，让幼儿了解信箱的作用和寄信的流程。我们带领幼儿去参观邮局，认识邮票和信箱；回园后鼓励幼儿用自己的方式设计书信，由教师统一寄出。一封封满含纯纯爱意的信促进了幼儿与父母的沟通。

3. 家书浸润课程，助力亲情传递

比如，在音乐活动"爱我你就抱抱我"中，我们把幼儿唱歌、跳舞以及对爸爸妈妈说的话录成视频发给他们；在艺术活动"设计贺卡"中，把幼儿的精彩作品邮寄给远方的父母，助力亲情传递。

4. 家书架起桥梁，转变家长观念

项目班每月选择一个幼儿和父母的通信，张贴在家园联系栏，鼓励幼儿也带动家长坚持通过亲情家书沟通交流；为了让家长关注幼儿并转变观念，项目班每月定期在亲情聊天室里选择一个主题进行讨论，如"多挣钱与多陪伴孩子哪一个重要"等，从亲子感情上改变家长的教育观念。

（四）发展变化多留痕，让爱可见化

我们在开展留守幼儿关爱工作的过程中注重留痕管理，注重过程资料的收集，让我们的资料能展示幼儿的成长，展示教师的发展，展示家长的收获。

四、互融共进整体发展，让多方效益看得见

通过实践探索，项目园教师的心理健康水平、社会性课程设计水平及实施能力得到了提升，师、幼、家、园在项目活动中共同成长、共同发展。

（一）教师素养全面提升

在研究中，我们和教师共同学习、共同研讨、共同进步，丰富、完善小班幼儿心理健康和社会性课程，提高了教师的课程设计能力，有效促进了教师的专业化发展。更为重要的是，在研究过程中，总课题组专家团队高超的专业水平令我们折服，她们严谨的工作作风、精益求精的研究态度、深厚的教育情怀、高尚的人格魅力让我们感动，是我们终身学习的榜样。两年来，项目组教师论文发表 4 篇，论文获奖 15 次，个人赛课获奖 45 人，个人基本功获奖 14 次，市区级表彰 8 人次。一大批"90 后"教师成长起来，成为重庆市武隆区骨干。项目负责人被评为重庆市特级教师，受聘为重庆市政府督学。

（二）幼儿情感社会性得到发展

项目园成员注重倾听留守幼儿的心声，创造性地开展项目工作，让留守幼儿得到更多的关爱，在获得成功体验的同时促进了幼儿身心健康和谐发展。幼儿由刚入学时的胆小、不爱说话，渐渐地转变为能主动表达自己的情感了，社会性得到了发展。

（三）家长观念更新转变

在项目实施过程中，教师注重与监护人进行有效沟通，让监护人了解留守

幼儿的情感需要，帮助其树立科学的育儿观，更多地理解、陪伴幼儿。值得欣慰的是，有 16 名家长返乡工作以陪伴幼儿，有 22 名家长把幼儿接到身边，有 249 名家长每年回家次数增加了，亲子通话沟通时长增长率为 53.7%。

(四)园所内涵得到丰富

项目园以开展项目工作为契机，把全园教职工引入活动，充分开发课程资源，丰富、完善幼儿园心理健康和社会性的课程，丰富了幼儿园教育的内涵。例如，凤溪幼儿园以项目工作为载体，积极探索项目绘本教学的策略，挖掘绘本阅读的价值，利用多种形式将绘本教学与幼儿心理健康教育有机地融合在一起；江北幼儿园以亲情家书为突破口，创新家园合作方式，真正促进幼儿全面发展。

(五)科学幼教得以推进

在项目的带动下，全区的幼儿园教师都参加了一次幼儿健康、社会活动设计与指导的培训，改变了说教灌输的教法。通过项目研究，我们共辐射幼儿园 57 所，培训教师 337 人(占全区幼儿园教师的 68.9%)，惠及幼儿 7000 余人。

(六)社会关注度逐年提高

两年来，我们的项目研究工作得到了各级党委政府的肯定和认可，有 51 名志愿者加入。区妇女联合会、街道办、居委会等 6 个相关部门关注学前留守儿童工作，拨付 2.5 万元用于项目购买图书和教师研修学习，向幼儿捐赠图书 683 本、益智玩具 661 套、书包 80 个、文具 80 套。

项目工作的实践探索让我们深深体会到，行政部门重视项目工作提供保障是前提，教研抓住关键环节巧妙突破是基础，园所扎实创新注重落实是核心，师幼互融共进整体发展是关键。今后，我们将进一步实践探索体验式绘本教学的有效策略，挖掘集体生日的价值，开展多形式的集体生日活动，加强区级教师对幼儿社会性教育活动设计及指导策略的研修实践，从而使幼儿和教师获得更好的发展。

（重庆市武隆区　　冉义娟　童敏　肖凌云）

·"特别"的联谊活动，深度的专业提升

重庆市合川区选取了留守幼儿较为集中的四所乡镇中心幼儿园作为课题园，并委派了区内的市级示范幼儿园为课题指导园（以下简称指导园），开展留守幼儿关爱活动。活动开展以来，指导园教师定期到课题园进行指导交流，对课题园教师的成长起到了很好的引领作用。新年即将到来，如何让课题园的留守幼儿度过一个与众不同的节日呢？为此，课题组策划了一次让课题园留守幼儿到指导园过新年的活动。出乎意料的是，看似较为普通的一次联谊活动，却催生了各种思想和观念的碰撞。正是这些碰撞，让教师的思想和观念发生了一些质的变化。

观念碰撞一："献爱心"Vs"手牵手"

指导园研讨实录节选

（围绕联谊活动的基调、主题、形式、活动准备展开）

L老师：留守幼儿来我们幼儿园过新年，是让我们的幼儿学会关心处境不利群体的极好机会，应该以关心关爱、爱心捐助为主题来开展这次活动。

W老师：我赞同，建议组织中大班的幼儿通过爱心义卖、爱心捐款等活动来筹集善款，给留守幼儿送去新年礼物，以表达我们的爱心。

C老师：献爱心是好事，但是"善款""捐助"这些词语让人感觉留守幼儿低人一等。其实，留守幼儿只是父母不在身边而已，他们并不比其他幼儿差，能否在表达爱心的同时让留守幼儿的自尊心不受到伤害呢？

Z园长：我赞成C老师说的。留守幼儿尽管来自农村，父母不在身边，但是他们和所有的幼儿一样，都是平等的，不能让我们幼儿园的幼儿在活动中有优越感，联谊活动要体现平等、牵手、联欢的理念，这样才有利于幼儿的心理健康。而且我建议，在活动中应尽量避免使用"留守"这样的字眼，不要让留守幼儿觉得自己跟别人不一样。

L老师：听你们这么说，我也觉得自己刚才的想法有些不妥，没有从留守幼儿的心理感受以及课题园教师的角度去考虑。那我们在联谊活动中究竟献不献爱心，送不送礼物呢？

Y园长：爱心当然要献，礼物也必不可少，但要考虑方式和方法，同

时，还要充分发挥幼儿的自主性，让他们参与到活动的策划和准备中来。

分析与思考

　　从以上的对话可以看出，指导园位于城区，办园条件较好，个别教师会不自觉地将自身置于强者位置，而将课题园的留守幼儿视为处境不利群体，这种想法势必影响到所在班幼儿，让他们产生"农村留守幼儿"与"城市幼儿"不一样的认识。

　　同时，我们也高兴地看到，部分有经验的教师和管理者能客观地看待城乡差异，能从平等、尊重的角度对待留守幼儿，这样的思维影响了一些教师的观念，从而使这次活动朝着预期的目标前进。

　　经过多次讨论，指导园的教师和家长一致认为，为有利于留守幼儿自尊、自信、自主地发展，将本次活动主题确定为"手牵手，过新年"，将活动名称定为"新年美食嘉年华"。整个活动不举行正式的捐赠环节，不出现有关"留守"的文字和语言，同时以新年老人派送礼物的形式送给各个课题园大量的图书和玩具。指导园的幼儿还围绕"制作新年邀请卡""装扮节日的教室""美食制作大 PK""我是小主人"等主题开展一系列活动。

观念碰撞二："教师决定"Vs"儿童自主"

课题园研讨实录节选

　　（围绕哪些幼儿参加活动、是否赠送礼物等展开）

　　H 老师：当然是听话的、能干的幼儿参加活动，这样便于我们组织。

　　B 老师：我建议各班挑选一个幼儿，以女孩子为主，男孩子太调皮了，不好照看，而且现在就应该告诉幼儿，谁这几天表现得好，就带谁去。我相信，他们一定表现得比以前好。

　　L 老师：需不需要准备礼物呢？

　　W 老师：我们是去做客，做客时不带礼物不太礼貌吧？

　　B 老师：城里的幼儿园什么都不缺，要是礼物太寒碜了，怎么拿得出手？

　　（大多数教师纷纷赞成 B 老师的建议）

　　课题指导教师：刚才大部分教师认为应该选能干的、听话的幼儿去参加活动，这是从方便管理的角度考虑的。但我认为，这次活动是发挥幼儿自主能力的极佳机会，我建议把这些问题交给幼儿，让他们来做决定。

L 老师(很疑惑)：这么重要的事，幼儿能决定吗？

W 园长：我们试一下，如果幼儿决定不了，我们再来做决定。

分析与思考

课题园均为乡镇幼儿园，办园条件相对落后，大班额现象突出，教师压力较大。因此在一日活动组织中，课题园的教师对幼儿高控制、高主导的行为出现较多。同时，由于乡镇幼儿园教师专业水平普遍不高，因此关注联谊活动本身过多，未意识到其中蕴含的丰富的教育契机。在这种情况下，课题指导教师很有必要及时跟进，引导课题园教师从幼儿的角度去思考问题，并指导他们根据幼儿的反馈情况设计出相关的活动。

当教师以尊重、信任的态度把"选谁去做客"这个话题抛给幼儿后，幼儿的表现令教师刮目相看。各个课题园给出了不同的答案：有的采取自愿报名再投票选举的方法，有的采取推荐自己和推荐别人相结合的方法，有的采取直接抓阄的方法。

在课题指导教师的引领下，各课题园还开展了相关的主题活动，如绘画"我心中的示范幼儿园"，社会"去做客的礼仪""外出安全小常识"，手工"送朋友的新年礼物"等。此外，课题园教师还集体创作了一首儿歌——《手牵手、过新年》，幼儿将在当天上台表演。

成效与反思

活动当日，课题园的留守幼儿和教师代表受到了指导园师幼的盛情接待。在指导园礼仪小朋友的带领下，他们参观了校园，到各班教室与小朋友互相拜年。在联谊活动中，留守幼儿大方地上台表演，并送出了自己亲手制作的新年礼物。他们的阳光、自信迎来了所有人热烈的掌声。

这次联谊活动的价值和意义使指导园教师学会了以平等、尊重、分享的视角看待课题园，也使课题园教师转变了观念——学会了从幼儿的视角、从促进幼儿发展的角度去思考问题、设计活动。

课题园 B 老师在活动反思中写道：

以前我总认为孩子们太小，什么事情都不敢放手让他们去完成。通过这次活动，我才发现孩子们身上有巨大的潜力，只要老师们正确引导，他们完全能够成为活动的小主人。以前我总觉得生成课程太高深，只会按部就班地根据教材内容开展教学。这次生成的系列活动让我明白，生成课程其实就来源于我们的生活，多听听孩子们的想法，再多动动脑筋，就能生成孩子们喜欢的活动。

B老师是课题园教师的典型代表，她的反思在很大程度上体现了课题园教师的观念转变。

开展"重庆市农村留守幼儿社会性发展的问题及干预促进研究"课题以来，我们深刻地体会到，教师专业程度的高低是课题能否顺利进行的关键所在。只有密切关注课题园教师的最近发展区，提高其专业化程度，并对他们进行切实有效的指导，才能使其真正成为留守幼儿的守护天使，从而更好地促进农村留守幼儿的心理健康发展，这正是课题研究的深层价值体现。

（重庆市合川区教育科学研究所　　陈洁）

第三章　幼儿园多措并举，形成关爱生态

·让农村幼儿都有快乐的童年

陕西省商洛市洛南县古城镇中心幼儿园（以下写作"我园"）是一所市级全日制一类公办镇中心幼儿园。园所占地面积 5724 平方米，建筑面积 1885 平方米。设大、中、小班共 6 个，2017 年有教职工 25 人，在园幼儿 328 人，留守幼儿 76 人，占幼儿总人数的 23.17%。

2017—2018 年，我园以关爱农村学前留守儿童，有效关注和提升农村留守幼儿的心理健康水平，促进留守幼儿和谐发展，使农村学前留守儿童享受快乐童年为目标，以提高"农村留守儿童项目"的实效性为核心，在西安交通大学幼儿园的精心指导和帮扶下，围绕项目活动安排，结合我园工作实际，汲取前两年的成功经验和有益做法，认真落实项目实施要求，不断创新工作思路，扎实有序地开展各项活动，收效明显。

一、加强组织领导，确保项目活动有序开展

我园成立了以园长为组长，保教主任为副组长，骨干教师为成员的项目实施工作领导小组。小组分工明确，各负其责，相互配合，从活动策划到组织实施，全程跟进参与，确保活动进展顺利，取得实效。一是统一思想，凝聚共识。第二阶段工作结束后，我园组织召开了领导小组会、班子会和教师会，认真总结、反思前两年项目实施过程中取得的成绩和存在的问题，明确第三阶段工作的目标和任务，统一思想，凝聚共识，为第三阶段工作高效有序实施奠定基础。二是深入调查，摸清底数。组织各班班主任认真调查摸

底，摸清各班留守幼儿情况，为进一步增强活动的实效性提供参考和依据。三是高度重视，建章立制。为切实开展好项目活动，我园高度重视，不断完善项目实施方案及相关制度，积极主动与西安交通大学幼儿园沟通，确定活动内容、时间安排及组织形式，保障活动有序、高效开展。

二、多措齐行并举，促进农村留守幼儿健康快乐成长

(一)加强学习培训，不断提升教师组织开展活动的能力

一是做好项目的基础培训。2017 年 11 月，我园安排 2 名骨干教师按时参加项目组在西安交通大学医学院第一附属医院幼儿园组织开展的二级培训。在受训教师回园后，我园安排受训教师对全园教师进行再次培训。通过培训，我园教师进一步理解了 10 本经典绘本的核心价值，初步掌握了绘本教学的有效教学策略和方法，进一步提高了利用绘本教学促进留守幼儿心理健康发展的能力。

二是支持园多次组织我园教师参与会议培训。2017～2018 年，西安交通大学幼儿园邀请我园园长和教师参加了第八届全国幼儿园语言教育研讨会、第二届中国幼儿园园长国际研讨会、中国幼儿教育年会西部峰会等。此种方式为我园教师提供了便捷的学习途径。通过学习，我园教师了解了当前国内外先进的教育理念和方法，开阔了视野，增长了见识，转变了观念，拓宽了幼儿教育教学思路，为进一步提高项目活动的质量奠定了坚实的基础。

三是认真研读绘本，努力提高绘本教学活动的实效性。依据《农村 3—6 岁留守儿童心理健康项目幼儿教育活动手册》，我园利用园本研修活动，组织教师针对"爸爸和妈妈"等五个单元，围绕"读懂绘本，理解内容""明确绘本教育价值""有效处理绘本""设计合理的活动方案"等开展专题交流研讨，使教师更好地理解绘本的内容和教育价值，掌握绘本的处理技巧，有效开展教学活动，极大地发挥了绘本的教育作用。

四是加强专题培训，着力提高教师开展绘本教学的能力。我园坚持以教研活动为载体，组织教师观看绘本教学专题讲座视频、幼儿教育专家的教学活动实录，学习他们处理绘本的方法技巧及组织教学活动的技能方法，结合自己的教育教学实践反思交流，扎实开展试教活动，不断提高组织绘本教学活动的能力和水平。

(二)精心组织活动，着力提高活动实效

1. 认真做好项目活动的前测和后测工作

按照项目组安排，我园按时开展项目实施的前测和后测工作，及时收集并整理相关数据资料，为评估项目实施效果提供了可靠的依据。

2. 精心创设"亲情图书角"，扎实开展绘本阅读活动

依托区域活动，各班精心创设"亲情图书角"，及时把项目组配发的经典绘本投放到图书区，以便幼儿阅读。教师利用区域活动时间组织幼儿进行阅读活动。通过日常观察，教师撰写留守幼儿个案，追踪记录典型幼儿的行为变化，积极与家人沟通留守幼儿的情况，做到"眼中有幼儿，笔下有思考"，养成爱观察、会观察的好习惯。教师撰写的个案得到了西安交通大学幼儿园教师的指导和点拨，有效提升了我园教师的专业能力。

3. 扎实开展绘本教学教研活动

第一，做好充分准备。按照项目安排，我园重点开展了 5 个单元 10 本绘本的教学活动。在实施过程中，我园专人负责与西安交通大学幼儿园教师联系，确定活动内容、时间、形式、参与人员及准备，确保活动有序有效开展。

第二，运用多种形式开展教学。根据实际情况，我园进一步扩大项目的影响范围，在广大家长中宣传项目的社会价值，继续沿用混龄教学方式进行教研活动。双方幼儿园聚焦留守幼儿情感的体验与表达，采用同课异构、示范教学等形式，结合混龄教学和留守幼儿的心理特点，运用多样化的教学策略，如分组阅读、自主阅读的形式，提供丰富的教具、学具等，引导幼儿理解绘本内容，在倾听与讲述、表演与游戏中体验故事人物情感，在教师的循循善诱下表达内心情感。

第三，有效交流研讨。为提升教师的绘本教学能力，我们运用同课异构辅以教学观摩的教学形式，为双方教师提供了专业切磋和交流的平台。每次绘本教学活动结束后，双方教师都会积极发言，聚焦设计意图、绘本内容、方法与策略、活动效果、师幼互动等进行深入分析和探讨，逐步优化教学。西安交通大学幼儿园教师耐心解答我园教师在教育教学活动中遇到的问题。大家畅所欲言、相互交流、积极切磋，教研氛围浓烈，碰撞出了思维的火花。互动式教研有效带动了我园教师对绘本教学的思考、理解和实践，切实提高了双方教师的教研能力和水平。

4. 认真做好"亲情传递，真爱留存"的亲情传递工作

"亲情家书"是连接项目园留守幼儿和父母的精神纽带。一些幼儿和父母在绘制家书的过程中积极表达和交流情感。每次教学活动结束，双方教师都会悉心指导留守幼儿拿起画笔，结合绘本教学内容，联系生活实际，在"亲情家书"上或画或贴，用充满童真童趣的画面与父母分享生活趣事，表达对父母的爱和思念之情。

我们安排专人负责收集、整理幼儿的亲情书信并及时寄给外地的父母，以促进亲子情感的交流。2017 年 11 月至 2018 年 7 月，我园共寄出亲情家书876 封，收到回信 712 封，回信率达 81.28%。一些家长还特意给我园教师写了感谢信，以表达对项目活动的支持。收到父母回信后，我园和西安交通大学幼儿园教师会开展"为你读家书"活动。留守幼儿听教师读爸爸妈妈写给自己的信，心里充满了温暖。

5. 扎实开展"集体生日会"活动

我园以班为单位，集中每月过生日的留守幼儿，精心组织并开展"集体生日会"庆祝活动。各班结合实际，制订活动方案，购买生日蛋糕，邀请留守幼儿照料者参加，请在外的父母以视频、电话等方式向幼儿传递生日祝福和问候，让留守幼儿感受到父母虽然不在他们身边，但时刻牵挂着他们，深深地爱着他们。

6. 深入开展"亲子游戏""家长开放日"等系列活动

我园扎实开展"亲子游戏""亲子种植""参观社会主义新农村""家长开放日"及传统节日主题教育等活动，使留守幼儿在参与活动中分享快乐、健康成长。在活动中，我们向广大家长积极宣传"农村留守儿童项目"的进展和成效，使他们深入了解项目开展的意义及要求，积极支持幼儿园开展项目活动。

7. 扎实落实"'六个一'关爱留守幼儿"措施

我园结合实际工作制定出"'六个一'关爱留守幼儿"措施，即班主任每周与留守幼儿做一次游戏活动，辅导学习一次，每月与留守幼儿交流谈心一次，与家长沟通交流一次，每学期对留守幼儿家访一次，为生活有困难的留守幼儿献爱心一次。我园教师在日常生活中密切关注留守幼儿的一举一动，鼓励他们积极参与班级及园内开展的活动，丰富他们的生活，促使留守幼儿养成良好的行为习惯，使留守幼儿时刻感受到"身有人护、心有人爱、学有人教、难有人

帮"，从而促进每个留守幼儿健康快乐成长、全面和谐发展。

8. 加强宣传引导，促进家园共育

一是通过家长会、家访、家长开放日、电话、家长微信群等方式与留守幼儿照料者和父母联系，向家长介绍幼儿在园的学习、生活、身心发展等状况，分享科学保教理念和育儿知识，为他们教育幼儿提出建议；征询家长的意见和建议，争取家长的理解和支持，充分发挥家庭教育的作用，共同为留守幼儿健康快乐地成长营造良好的氛围。二是充分发挥"亲情电话"的作用，每个班配备一部电话，为幼儿与家长、教师与家长日常联系提供保障。当幼儿想父母时，教师可以让幼儿及时与父母通话，向父母诉说思念之情；当幼儿过生日时，父母可以通过电话向幼儿传递生日祝福和问候等。

9. 丰富活动形式，加强园所交流

(1)开展爱心捐赠活动

为积极落实"示范引领促成长，精准帮扶共进步"的工作要求，西安交通大学幼儿园开展了多种形式的帮扶活动。2017—2018学年，西安交通大学幼儿园为我园留守幼儿捐赠图书365册、玩具300余件，为93名留守幼儿每人捐赠园服一套，让留守幼儿感受到了来自西安交通大学幼儿园教师和幼儿们浓浓的关爱，也让双方结下了深深的情谊。

(2)开展"烹饪小课堂"活动

为了让我园幼儿品尝到别具风味的菜肴，体验到不同的日常饮食，西安交通大学幼儿园精心安排了一次特殊的"烹饪小课堂"活动。谭师傅为全园师幼示范制作美味菜肴——狮子头，主持人和幼儿积极互动，介绍食材、放置调料、搅拌均匀、团圆塑型……一道道工序不仅让幼儿了解了狮子头的烹饪方法，而且让双方幼儿园的厨师切磋了技艺。精湛的技艺和娴熟的手法赢得了全体教师和幼儿的赞赏。午餐时刻，幼儿和教师细细品尝着美味的狮子头，食物的味道留在了大家的味蕾上，厨师叔叔的真情铭刻在幼儿的心里。也许他们在心里种下了"长大我要做一个像谭叔叔那样厉害的厨师"的梦想种子。

(3)绘制"让爱传出去"的爱心长卷

2018年6月4日，西安交通大学幼儿园的幼儿为我园的幼儿准备了特别的礼物。一幅"让爱传出去"的爱心长卷凝聚了西安交通大学幼儿园的幼儿和我园的留守幼儿的共同期待。大象滑梯、假山、大雁塔、爱心、千纸鹤、书信，连接了彼此。幼儿非常认真地作画，一笔一画书写对未来的美好愿望。西安交通大学幼儿园的一些幼儿在作画时说道："我希望古城镇中心幼儿园幼儿的爸爸妈妈能多回家看看自己的宝贝。""我希望有一天能和你们一起做游戏、画画。"幼儿的心意是相通的。在作画时，我园幼儿期盼地说："有机会我要和交大幼儿园的幼儿一起读书。""我还想吃西安交大幼儿园谭叔叔做的狮子头。"

三、认真总结反思，为进一步提高项目实效提供借鉴

回顾一年的工作，在双方教师和家长的共同努力下，我们看到了幼儿的进步、家长的转变和教师的成长。具体如下。

(一)幼儿的进步

1. 幼儿大胆表达对家人的情感

活动中，越来越多的幼儿愿意在陌生人面前大胆说出对家人的感谢和爱。一个大班幼儿说道："我在家要听话，不让爸爸妈妈操心，以后还要把更多的本领分享给爸爸妈妈，爸爸妈妈你们在外边辛苦啦！"许多幼儿在活动过程中说出了"我爱爸爸/妈妈/爷爷/奶奶"之类的感谢语。

2. 幼儿参与教学活动的积极性增强

在西安交通大学幼儿园的精心帮扶和指导下，通过项目活动的开展，我园留守幼儿参与活动的积极性不断增强。以 A 组(共 22 名留守幼儿)为例，总体来说，10 次活动中，幼儿发言的主动性和积极性逐渐提高，不仅发言人次逐次增多(见图 1)，而且发言的幼儿能在活动中大胆地向教师和同伴讲述故事或者表达自己的想法。

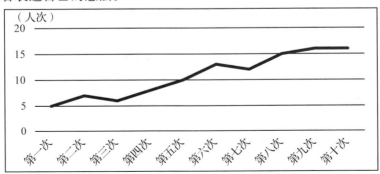

图 1　A 组幼儿在 10 次教学活动中的发言人次图

幼儿的普通话表达能力不断提高，词汇的积累量日益增多，阅读绘本的兴趣日趋浓厚。在教学活动中，幼儿由开始说方言到主动用普通话回答教师的问题，能用完整的句子表达自己的内心感受，注意力明显集中，倾听能力显著增强。同时，幼儿在家书中也能书写、绘画出对家人的爱，这让家人倍感欣慰。

例如，大一班的幼儿小杰，由爷爷奶奶照管，他的父母常年在外打工。项目实施前，该幼儿在日常活动中不愿意与其他小朋友交流合作，上课注意力不集中。该幼儿在持续参与的亲情绘本阅读活动中，发言次数由无到有，由少到多；家书制作时，他制作的画面由简单到丰富，色彩由单一、深沉到多样、明朗。

记得在绘制"我和爸爸"的家书时，整张画纸上他只画了一个小小的像花生一样的东西，而且只用了一种颜色——黑色。仔细看，像是一个蜷缩在角落里的小人儿。于是刘老师给小杰妈妈打了电话，将家书内容和小杰的行为表现分析给她听。电话那头的妈妈小声呜咽着，说自己也是没办法。

原来夫妻俩在孩子满月后就外出打工了，这一次已经一年半没见过孩子了。刘老师和小杰的妈妈沟通后，希望她能回来看看孩子。妈妈表示会在近期请假，和爸爸一起回来。夫妻俩回来之后，刘老师把《我爸爸》《我妈妈》这两本书借给他们，建议他们在家和小杰一起阅读。一周后，他们将绘本归还，同时也告诉刘老师一个好消息，那就是妈妈不再外出打工了，要留在家陪伴小杰成长。

生活不容易，可是孩子的成长过程不能重来。自从有了妈妈的朝夕陪伴，小杰在班集体中的朋友越来越多了。

(二)家长重视、认可和支持，我园留守率逐年下降

经过连续三年的项目活动，我园留守幼儿的比例呈现逐年下降的趋势（见图2）。项目取得了家长的认可，一些在外工作的父亲或者母亲利用回家的机会参加活动，增进了亲子情感。活动中，家长开始重视留守幼儿的健康成长。一些父母能坚持每隔一个月或者一段时间回来看看孩子和老人；一些父母果断辞掉外面的工作，回家陪伴孩子成长。活动项目得到了家长的大力支持，取得了积极的反响和显著的效果。

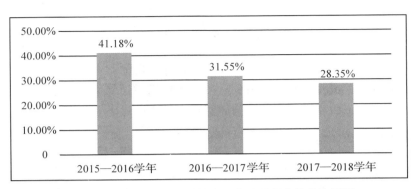

图2　2015—2018年古城镇中心幼儿园留守幼儿比例图

(三)双方教师专业能力大幅提升，取得了好成绩

通过开展项目，我园教师的教育教学能力和教育科研水平有了明显的提高。2017年9月至2018年7月，我园有两位老师分别荣获"洛南县教学能手"和"洛南县优秀教师"，我园有13篇教研论文参加了市优秀教育科研成果与论文评选。西安交通大学幼儿园有16篇论文、活动设计在西安市教育教学成果评选中获一、二、三等奖，并有5篇论文、活动设计发表。

我们虽然在项目实施过程中积累了一定的经验，取得了一些成绩，但是与项目的要求还有差距。

一是我园地处农村，受师资数量严重不足和大班额现象严重等诸多因素影响，项目活动的开展和预期效果还有一定差距。

二是由于我园教师大多是由小学教师转岗或新招聘的非学前教育专业的教师，其专业素质和有效开展教育教学活动的能力有待提高。

三是农村家长教育认知的差异给项目的开展带来许多困难，仍有留守幼儿的家长对此项目认识不足，参与幼儿园各类活动的积极性不高，不能使幼儿园教育在家庭中得到很好的延伸。

针对这些情况，我园将在支持园的指导和引领下，认真反思、总结，持续跟进，进一步丰富活动载体，创新工作思路和方法，为积极探索关爱留守幼儿、为农村留守幼儿全面和谐发展、为进一步提高项目质量和农村学前教育发展水平再谱新篇。

（陕西省商洛市洛南县古城镇中心幼儿园　　李建锋）

·关爱留守幼儿常态化

我园是一所位于陕西省西安市蓝田县普化镇的农村幼儿园。随着外出务工人数的增多，留守幼儿越来越多，为更好地关爱留守幼儿，给他们营造健康成长的学习生活环境，我们从园区实际出发，进行了一些探索。

一、召开家长会，摸清情况

每学期开学初，幼儿园以班为单位召开家长会。会上，教师除了向家长汇报园所的工作情况外，还要向家长了解幼儿的日常情况。有的幼儿学习和生活照看有疏漏，出现疑难问题时缺乏指导；有的幼儿情绪波动大；有的幼儿行为习惯差，等等。为切实解决留守幼儿教育问题，我们对留守幼儿家庭和照料者的状况进行一对一的深入了解，将其作为后续工作的基础。

二、成立关爱小组，加强领导

为加强对留守幼儿的管理及跟踪工作，我们成立了关爱留守幼儿领导小组。园长亲自挂帅，副园长负责安全法治教育，教师负责日常关爱和教育活动的计划与实施。

三、营造氛围，健全制度，开展活动

(一)营造关爱氛围

我园将关爱留守幼儿工作作为师德建设的一个重要组成部分，对留守幼儿充分关注，营造关爱留守幼儿的良好氛围，尊重留守幼儿的人格，呵护他们渴望爱的心灵，让他们感受到幼儿园这个大家庭的温暖。

(二)健全关爱制度

为了确保关爱留守幼儿工作落到实处，我园制定了一系列的管理制度。

建立留守幼儿档案和联系卡。我园对所有幼儿进行了认真的调查研究，摸清了留守幼儿的情况，为每个留守幼儿建立了档案和联系卡，清楚了其父母的姓名、外出打工的地址、联系电话，清楚了照料者的姓名、联系方式，以便于教师与家长、照料者联系。档案和联系卡制度的建立，加强了幼儿园与幼儿父母及其照料者的联系，共同形成了以留守幼儿为中心的关爱网络。

实施教师结对帮扶留守幼儿模式。在每班留守幼儿中确立重点帮扶对象并配备帮扶教师，主班教师、保育教师与本班留守幼儿结帮扶对子。帮扶教师经常找留守幼儿谈心，定期家访，让教师成为"代理家长"，引导他们健康成长。

建立健全家园联系制度。教师定期对留守幼儿进行家访，了解留守幼儿在家的情况；每月指导留守幼儿给父母写一封信或通一次电话，增强他们与父母的情感交流。通过家长学校、家长会等形式，定期或不定期地对留守幼儿的照料者进行科学育儿、科学监护孩子的教育，提高他们教育孩子的水平。

(三)开展关爱活动

我园制定了关爱留守幼儿工作实施方案，加强对留守幼儿的关心和关爱，全方位关注留守幼儿的健康成长。在幼儿园里做到对留守幼儿"三个优先"，即学习上优先指导，生活上优先照顾，活动上优先参加。

教师还专门组织留守幼儿进行丰富有趣的自主性活动，鼓励他们阅读喜欢的图书，展示自己的书画作品，开展自选游戏活动等。这些活动增强了幼儿的自主性、自信心和成就感。

今后我们将更加务实地工作，不懈努力，让每一个留守幼儿都能健康、快乐成长。

（陕西省西安市蓝田县普化镇中心幼儿园　　闫小霞）

·以活动助力留守幼儿快乐成长

2015 年起，我园有幸和西开保育院结对参与了"农村留守儿童项目"。我园作为项目实施园，立足本园实际，制定实施方案，开展了系列关爱活动。

一、绘本教学，感悟亲情

为了让留守幼儿感受到亲情，感受到关爱，项目组选择了《我爱爸爸》《我爱妈妈》《爷爷一定有办法》《小兔乖乖》《猜猜我有多爱你》《魔法亲亲》等一系列适合幼儿阅读的亲情类绘本，我园按照计划每月组织一次留守幼儿集体教学活动，每次教学都由教研组组织听课，参与该项目的教师负责课堂观察，记录幼儿的课堂表现和发言情况。教学活动结束后，我们随即组织教研活动，特别是对幼儿在课堂上的发言和参与活动的情况进行现场分析、研讨，旨在通过这样的活动，促进教师提升教学水平；更重要的是在教师的引导下，幼儿由绘本中的人物故事联想到自己的家人，感受着亲情，体会着爸爸妈妈对自己浓浓的爱，渐渐理解了爸爸妈妈外出打工的不易。课后我们还把这些绘本投放到班级图书角和公共阅读区，让幼儿继续跟进阅读。幼儿在参与活动中提升了语言能力。

二、开展活动，加强互动

留守幼儿大多不愿意和人交流。我们就以节日为依托，开展了丰富多彩的主题活动，通过教师、幼儿、家长之间的互动，试图打开幼儿的心扉，让他们能够融入集体，树立自信。例如，在元旦来临之际，幼儿园领导班子走进留守幼儿的家里，为留守幼儿送去爱心围巾、手套、书本等节日礼物，让幼儿感受到了来自幼儿园老师的暖暖的爱心。在中秋节来临之际，我园邀请留守幼儿的爷爷奶奶和孩子们在幼儿园共同庆祝节日。看着孩子们分享着幼儿园为他们精心准备的水果和月饼，爷爷奶奶非常感动。有位奶奶握着教师的手激动地说："咱们的幼儿园真好，想得很周到，比孩子的爸爸妈妈还关心孩子！"在重阳节，我园邀请留守幼儿的爷爷奶奶来园参加重阳节尊老敬老感恩活动。我们事先将幼儿对爷爷奶奶的祝福和想说的话录成视频，在活动中播放给爷爷奶奶听，不少爷爷奶奶流下了感动的泪水。我园教师将每次活动的视频和照片上传到留守幼儿家长 QQ 群，让远在异地的家长也能及时了解幼儿的在园情况，不仅加深了家长对幼儿园的了解，而且增进了亲情，促进了家园共育。

三、外出实践，增长见识

为了开阔留守幼儿的视野，增长他们的见识，我园每学期都要开展留守幼儿社会实践活动。我们带领幼儿去参观绿化苗圃基地，花农为幼儿讲解苗圃内所种植的花草的习性及栽种花草的全过程；带领幼儿进入菜农的大棚，尝试种菜；带领幼儿走进桃树林，了解桃树和桃花。通过一系列的社会实践，幼儿不但体会到了劳动的乐趣，而且增长了见识，开阔了视野。

四、集体生日，感受关爱

为了让留守幼儿过生日时不会感到孤单，我园每学期都会组织两次留守幼儿集体生日会，每次都会邀请留守幼儿的照料者来园共同参与并为幼儿送上生日祝福。我们和幼儿一起做游戏，唱生日歌，分享生日蛋糕，互赠生日礼物。用心的教师还提前与幼儿的爸爸妈妈联系，将爸爸妈妈的祝福通过视频或录音传递给幼儿。活动中，幼儿个个脸上洋溢着笑容，连几个平时不太爱参与活动的幼儿也开心地和大家一起玩起了游戏。集体生日会让这些缺少亲情的幼儿无比开心。鉴于幼儿特别喜欢这一活动，我们就将留守幼儿集体生日会带到了大学区成员幼儿园，和成员幼儿园的留守幼儿一起过生日，并送去我园教师和幼儿对他们的祝福及幼儿亲手做的小礼物，让更多的留守幼儿感受到集体的温暖和关爱。

五、绘画家书，表达心声

我园教师针对留守幼儿思念父母的心境，结合美术教育活动，组织幼儿通过绘画活动表达自己的心声。用画笔画出爸爸妈妈、为爸爸妈妈化妆、用画面表达出想对爸爸妈妈说的话等活动，让幼儿感受到爸爸妈妈就在自己身边。虽然他们的绘画能力有限，但是他们都能用自己手中的画笔表达出对父母的思念。让我们感到欣喜的是，幼儿大都能绘声绘色地解读自己的绘画。大部分留守幼儿的父母很配合我们这项工作，我们将幼儿的作品邮递或拍成照片发给家长后，家长也会将要跟孩子说的心里话写出来给我们邮递回来或通过网络发给我们，让我们代为传达。这样一来二往的相互交流，增进了幼儿与家长的亲情。

六、网络视频，传递思念

我园的留守幼儿平时都由祖辈抚养，每年与父母见面的机会不多。为了让幼儿的父母能及时了解幼儿的情况，增进亲情，我园专门建立了留守幼儿家长 QQ 群，定期将幼儿在园内活动的照片、视频发给家长。家长利用网络，和教师预约与幼儿视频的时间，教师会按预约时间安排幼儿和父母视频。在视频时，幼儿除了和爸爸妈妈聊天，传递思念之外，还将自己在幼儿园所学的舞蹈、儿歌、手指操等展示给爸爸妈妈。看着幼儿在幼儿园成长得这么好，家长们很感动。这些留守幼儿在与爸爸妈妈进行网络视频时很兴奋，由刚开始的放不开、不愿意、不知道要对爸爸妈妈说些什么到现在每次都精心准备，积极展示自己的本领。我们看到了幼儿的这些变化，他们已经有了自信，有了笑容，有了成长。

七、定期谈话，做好疏导

为了确保留守幼儿能健康快乐成长，我园对所有留守幼儿及其父母和照料者每月至少进行一次谈话，目的是了解幼儿的心理发展状况，就发现的问题及时和家长沟通并进行干预。在最初的谈话中我们发现，一些幼儿对爸爸妈妈的爱的理解多停留在爸爸妈妈给自己买的零食和玩具上，爷爷奶奶在家也多是一味娇惯。针对这样的现状，我园积极和留守幼儿的爷爷奶奶、爸爸妈妈联系沟通，家园共同努力，通过谈心、讲故事、参与游戏活动等形式帮助留守幼儿理解爸爸妈妈的不易。渐渐地，在一次次的谈话和活动中，幼儿的内心悄悄发生了变化，他们开始喜欢谈及父母，开始期待与父母的每一次视频交流。看着幼儿的这些变化与成长，我们感到无比幸福与快乐。

自开展留守幼儿关爱活动以来，看到我园85名留守幼儿因参与活动而绽放出了笑容，我们深受鼓舞。在筹备、组织、互动、探索的过程中，我们都有不少感触与收获。留守幼儿需要全社会的共同关注、关心与关爱，我们活动的开展只是关爱留守幼儿的初步探索，今后我们会一如既往地做好留守幼儿的教育工作，让更多的人来关注留守幼儿，确保他们健康、快乐成长。

（陕西省西安市鄠邑区涝店中心幼儿园　　张珂心）

·提升留守幼儿情感表达能力的策略

近年来，很多年轻家长外出打工，孩子大都被留给爷爷奶奶看管。爷爷奶奶对孩子的关注多在于"养"，只要让孩子吃得饱、冻不着，接送孩子上下幼儿园，就算完成了看管任务。他们疏于和孩子进行情感交流，影响了留守幼儿全面发展。

一、留守幼儿情感现状及分析

(一)情感和心理健康现状

　　留守幼儿由爷爷奶奶照料，缺少和父母的交流。特别是班上每次开展活动时，好多同伴的父母都能来参加，而自己只能在心里想着爸爸妈妈的样子，情感上得不到满足，时间长了会产生"爸爸妈妈不爱我"的想法。没有感受到爱的滋养，幼小的心灵里难免会产生不安全感，一旦和同伴发生冲突，要么就是自卑、逃避，要么就是行为过激。当留守幼儿遇到事情时，没有人鼓励，他们有时候会缺乏信心，这不利于他们的长期发展。

(二)行为方面的特点

　　孩子是父母的影子，孩子的成长离不开家庭这个大环境，父母的一举一动都会给孩子带来影响。如今父母不在家，没有了榜样的存在，幼儿就会受到祖辈的行为示范的影响。而农村的爷爷奶奶由于时代的影响，大都没有受过良好的文化教育，更没接受过有关家庭教育的指导，有时候还会溺爱孩子，在孩子行为养成方面起不到良好的作用，以至于有的幼儿养成了说脏话等不良习惯。

(三)情感表达不足

　　缺乏父母的关爱，幼儿在心里会衍生出"爸爸妈妈不爱我"的念头。如果外出打工的父母很少和孩子通话、见面，那么这样的亲子关系自然会比较疏远。我们对 73 名留守幼儿进行了前测，父母双方外出打工的幼儿占 21%；父母与幼儿半年见面一、两次的占 32%；80% 的幼儿由爷爷奶奶抚养照料；对于愿意说起爸爸妈妈、说想爸爸妈妈这种情况，十分符合的幼儿占 30%，符合的幼儿占 47%，比较符合的幼儿占 15%，不符合和十分不符合的幼儿各占 4%。通过数据我们看到了留守幼儿需要有更多与父母见面、通话、表达和交流情感的机会。

二、提升留守幼儿情感表达能力的策略

　　针对留守幼儿情感表达能力欠缺的情况，我们主要采取了以下的策略。

(一)激发留守幼儿表达情感的激情

　　召开家长会，了解留守幼儿的现状，建议远方的父母每天能打个电话；

通过绘本教学，引导幼儿感知爸爸妈妈虽然不在自己身边，但是非常爱自己；把爷爷奶奶请进家教讲堂，让他们了解育儿知识，学会关心幼儿的行为和心理，让幼儿知道爷爷奶奶对自己也是特别关心的。在一个个经典的绘本故事活动中，教师通过引导、延伸等环节，使幼儿感受到父母的爱，认识到自己也应该把对父母的爱表达出来，从而激发幼儿表达爱的愿望。

(二)提升留守幼儿情感表达的能力

首先让留守幼儿学会如何去表达。我们充分发挥绘本的教育价值，将父母的爱通过故事传达出来，让幼儿结合自己的实际情况，回忆父母的爱，并经常引导幼儿，激发他们向父母表达爱。

其次让留守幼儿掌握沟通的技能。在日常生活中，我们经常安排幼儿自由交谈，尤其是在每周一或节日后入园那天，会请幼儿相互说一说各种有趣的事。虽然他们的语句说得不是很完整，也许说着只有他们自己懂的话语，但是在无意中幼儿的交往能力得到了不同程度的提高。我们还注意在日常生活的各个环节中培养幼儿的交往能力。例如，游戏时多让幼儿合作玩玩具，餐后散步时让幼儿自选同伴等。这在无形中让幼儿体会到了交往的乐趣，从而想交往、敢交往并学习交往。我们重视为留守幼儿提供交往的机会，引导他们学习正确的交往技能，充分利用区域活动的交往平台，关注并引导幼儿表达自己的情感。

(三)丰富留守幼儿情感表达的途径和方法

我们举办丰富多彩的特色活动，增加留守幼儿交往的机会，让他们自信地迈出第一步。愉快的交往经历有助于提高幼儿的自信心，自信心的增强又会引发幼儿更强的交往主动性，两者相互促进，形成良性循环。每个幼儿都有自己的天性和优点，《幼儿园教育指导纲要(试行)》也指出："为每个幼儿提供表现自己长处和获得成功的机会，增强其自尊心和自信心。"为此，教师可以开展丰富多彩的活动，为幼儿创设愉快交往的机会。

我们巧妙创设平台，关注留守幼儿，充分运用过生日、写信回信、运动会等活动，给他们更多的表达机会；在晨谈、说一句生日的祝福、说说悄悄话等活动中，给幼儿提供情感表达的平台，促进幼儿情感表达能力的提升。互联网也是幼儿与父母沟通的有利平台。通过视频通话、经常与父母打电话，幼儿与父母的感情越来越深厚，他们由对着视频不知道说什么等状况变成时不时说"妈妈我爱你""我想你了"等。

我们利用晨谈以及区域活动的分享环节，教给幼儿交往的方法，让幼儿学会表达自己的情感。根据晨谈及区域活动的变化，我们请幼儿分享在活动中遇到的问题、解决的方法、得到的帮助、收获的快乐，请幼儿讲述自己的交往过程，和谁一起玩的，是怎么玩的，最开心的是什么，为什么，等等，让幼儿交流各自的交往方法，体验交往的乐趣。我们发现幼儿主动地表达情感时，会及时给予暗示、赞许。

我们鼓励留守幼儿将获得的经验和技能运用起来，并及时提供指导和帮助，帮助他们建立起自信心。

除了在幼儿园中教师指导幼儿学会表达自己的情感、表达自己的爱外，在平时、在家里，我们也引导家长多表达对孩子的爱，用爱来感染孩子，让孩子学会回应爱。

（河南省辉县市第二幼儿园　　郭玉霞）

·留守幼儿照料者现状及指导策略

一、我园留守幼儿照料者现状

越来越多的年轻人出外打工，把子女留给了老人照料或寄养给他人。2017年，陕西省西安市鄠邑区幼儿园有 15 名留守幼儿。其中，男孩 12 名，女孩 3 名；小班 4 名，中班 7 名，大班 4 名。这些幼儿当中，有 4 名幼儿的父母远在日本、新加坡、马来西亚等国家打工，2 名幼儿的父母在生下孩子三四个月后就外出了。出国的几位家长两三年都不能回家，其他幼儿的父母在国内打工，间隔最短的也要半年才能回家一次。这些幼儿分别由爷爷奶奶或外公外婆或其他亲戚照料。

调查显示，在 15 名留守幼儿中，11 名由爷爷奶奶照料，2 名由外公外婆照料，2 名由亲戚代管，这些照料者存在以下问题。

第一，部分照料者由于忙于生计，对留守幼儿的生活照料不到位，对其成长与情感关注不足，与幼儿园也缺少沟通。

第二，照料者心有余而力不足。大多数留守幼儿的照料者是祖父母等老年人，他们年纪较大，文化层次不高，安全保护意识不强，对留守幼儿照料不到位。

第三，照料者的教育方法欠妥。留守幼儿的照料者认为幼儿的父母不在身边，不能对他们要求太严格，只要幼儿能有饭吃，身体不生病，不出事，就尽到责任了。尤其是一些祖辈对幼儿溺爱，无条件地在物质上满足幼儿的需求，缺少科学的教育理念和方式方法，对幼儿应有的生活习惯和学习习惯等方面缺少关心。

二、指导策略

针对了解到的这些情况，我们采用了以下方法指导留守幼儿的照料者。

第一，召开座谈会，向留守幼儿的照料者介绍这学期的工作思路，为每个留守幼儿的父母写一封信，把园里的活动计划介绍给他们，让在外的父母了解幼儿园的工作。在春游前召开照料者会议，向他们说明活动的目的及注意事项，并指导他们在活动中配合教师。这些照料者很高兴，非常愿意参加亲子活动，有的照料者还把园里组织的活动打电话告诉了远在外地的孩子父母，有两位父母周五晚上分别从深圳、汉中坐飞机或火车回来参加周六的活动。在学期中间，我们又把全园留守幼儿的照料者邀请来，面对面地和他们交流，围绕照料者在育儿过程中的困惑进行讨论、交谈，由浅入深地转变照料者的家庭教育观念、态度、行为。这是我们在工作中采用较多的一种指导形式。在学期末的总结会上，我们把这学期的工作一一向照料者进行了汇报。他们听完汇报，纷纷表示感谢，感谢国家对留守幼儿的关爱，感谢幼儿园对留守幼儿的关心、教育，感谢幼儿园指导他们如何和孩子相处及怎样照顾孩子的生活、学习。每位照料者也谈了自己孩子的变化、进步。在这次座谈会上，有两位年轻的父母恰巧刚回国，他们也谈起了孩子一年来的变化，希望我们继续关注他们的孩子，帮助他们的孩子健康成长。

第二，邀请照料者参与丰富多彩的活动。①2018年4月，我们携同筑梦幼儿园开展了"寻找春天"活动。这天，幼儿和教师、照料者一起到环山旅游路太平片区装饰风筝、放风筝、摘草莓、做游戏、赏油菜花。幼儿唱啊，跳啊，像快乐的小鸟飞来飞去，尽情地拥抱大自然，活动结束时都不愿上车。活动结束后我们还让幼儿和照料者一起填写了"春游活动记录表"，并把春游照片洗出来连同家书一并寄给了远方的爸爸妈妈，让他们也分享幼儿的快乐。②节日举办为幼儿送礼物活动。端午节给幼儿送粽子，儿童节请幼儿吃蛋糕，让幼儿感受到幼儿园这个大家庭的温暖。③每月开展一次"打电话"活动，请照料者督促幼儿给远方的父母打电话，告诉父母近期自己的生活、学习情况，让父母放心。④组织亲子阅读活动。在2018年上学期期末，我们与筑梦幼儿园共同设计了一份"亲子阅读报告"表格，鼓励照料者每天抽出一段时间和幼儿一起读书，读完一本后让幼儿口述自己的感受，照料者做记录。这一活动培养了幼儿良好的阅读习惯，增进了照料者和幼儿的感情，锻炼了幼儿的语言能力，也避免了赠书被束之高阁，活动流于形式。

第三，幼儿园携手留守幼儿的父母对照料者进行指导。照料者由于年龄、身体、文化等因素，对正确教育幼儿的方法掌握不够，因此，我们通过打电话、写信等形式和留守幼儿的父母取得联系，让他们对照料者进行科学的指导。

第四，留守幼儿所在班级的教师在通过家访与照料者个别交流的过程中进行一对一的家庭教育指导。我们将亲情缺失的非留守幼儿也纳入项目关爱对象。小旋是我园中六班的幼儿，在他不到1岁时，爸爸就去世了，很快他妈妈就外出打工了，也很少回家看他，他成了爷爷奶奶一手带大的类似留守的幼儿。奶奶害怕他心里有阴影，从他记事起就告诉他爸爸去国外打工了，等他上了大学就回来了。奶奶由于可怜小旋没有父母关爱，因此比较娇惯他。中六班教师在观察记录中写道：早上入园时，小旋的奶奶说："昨天他想吃面条，我就做了一碗面条端到他跟前，试探性地问他能给我吃一口吗，结果，他赶紧把碗端到一边，还说：'不给你吃。'"奶奶说着，眼泪都快流下来了。我看了一眼旁边的小旋，他嘴里嘟囔道："你给我做的，你为什么要吃？"据奶奶反映，他在家经常同长辈顶嘴。还有，在一次教学活动中教师是这样记录的：在本次"魔法亲亲"活动中，听故事的时候小旋很投入，但是，在让他给爸爸妈妈画"我爱你"主题画的时候，他迟迟不愿动笔，让他说出想对爸爸妈妈说的话时，他也不动嘴。

看到小旋的这些表现，班主任对小旋给予了特别的关注和心理疏导，多次跟他妈妈进行电话沟通，持续跟奶奶交流正确的教育策略。一段时间后，小旋变化非常大。在我们组织的亲子放风筝活动中，他跑了一会儿就停下来说："奶奶年纪大了，我跑慢点，不然奶奶追我很辛苦，很累的。"奶奶给他带的水，他也先让奶奶喝。我们摘了草莓，刚洗好他就先拿一个给奶奶吃。

在端午节我们给幼儿送了粽子，小旋说回去先给奶奶吃，还说："妈妈打工给我挣钱辛苦了，她离我远没办法给她吃，我给她画一个寄过去。"

在教学活动"一园青菜成了精"结束后，他赶快给妈妈画了一幅画，还说："妈妈你要多吃蔬菜水果，对身体好。"

通过以上的方法对照料者进行家庭教育指导，不仅让幼儿学会了懂礼貌、尊敬长辈，提高了语言表达能力，而且拉近了父母、幼儿园、照料者、幼儿、教师之间的距离。这样一来，父母更放心将自己的孩子交给照料者照顾，照料者自身素质得以提升，在教育孩子方面能采取科学、有效的方法；幼儿得到了优良的生活和教育环境，更有利于身心健康成长；教师通过不断地精心设计指导活动，积极性有了提高，还学会了针对不同层次的照料者采用不同的方法、措施，使自己指导的活动更具有针对性。这样的效果是我们期望达到的最佳效果，何乐而不为？

（陕西省西安市新城区筑梦幼儿园　　靳瑞敏　郭苗；
陕西省西安市鄠邑区幼儿园　　王少颖　张宏伟）

·亲情家书的魔法

江北幼儿园自成为武隆区项目指导园以来，从资料收集、绘本教学展示、亲情家书活动、集体生日会等方面给予了其他园精心的指导、培训，取得了良好的成效。

一、亲情家书，让爱不再遥远

项目开展第一年，传统（书信）＋网络（微信、QQ 等）模式是我们为异地亲子搭建的沟通桥梁。家书作为万里相隔的亲人维系感情的方式，自古至今有着非同寻常的意义。然而当微信取代书信，输入取代书写后，家书似乎成了互联网时代的奢侈品。在中国优秀传统文化中，家书连接着亲情，体现着文化，传承着家风，具有丰富的内涵。家书活动不仅在留守幼儿与父母间传递，也在其他幼儿与远在外地工作的父母间传递。在一次次家书活动实践中，我们有了以下体会。

1. 家书分享主题活动

幼儿分享爸爸妈妈的来信，以不同形式进行现场互动。每次活动都增进了亲情，感人至深。

小一班小齐爸爸的来信

亲爱的小齐：

我是你的爸爸，怎么样？有没有想我？我可是非常想你。幼儿园有没有比较好玩？有没有交到新的好朋友？记不记得动画片里说："遇到困难的时候，就让超级飞侠来帮忙吧！"你记得要加油、开心、勇敢一点，老师和同学都是超级飞侠，他们有酷飞，有小爱，有乐迪，还有包警长和多多。你也要学会跟小朋友一起分享，帮助他们，这样，你也可以成为超级飞侠噢！加油吧，勇闯天下，超级飞侠！

一名刚值完勤的边防武警给幼儿的来信

亲爱的果宝贝，我是站着给你写的这封信。爸爸爱你，爸爸对不起你，你已经 3 岁 3 个月了，但我陪你的日子可能不超过 20 天。你生病的时候我不在，你开心的时候我不在，你难过的时候我不在，甚至你的生日我都没有陪你过过，每次的微信视频是我亲眼见你长大的唯一工具。看到你一天天长大，爸爸既开心又愧疚。你妈妈说，你看到姑姑姑父陪姐姐玩时，你不开心，你会沉默。当时的我恨不得放下手上的一切，马上回到你身边陪你。但我的果儿从小就懂事，知道爸爸要保卫国家，守护你和小朋友们的幸福生活。我的果儿，我的小棉袄，爸爸希望你开心快乐，原谅爸爸现在不能陪你，你身边有那么多爱你的老师和可爱的小朋友，我相信你一定能健康快乐地成长。

爱你的爸爸

2018 年 4 月 6 日

2. 家书邮寄体验活动

教师带领幼儿到附近邮局参观体验，教幼儿认识信封、信纸、邮票和信箱等，了解信件的邮递过程；回园后鼓励幼儿用绘画和简单的文字或符号给爸爸妈妈写信，并装入信封，投入班里自制的信箱，由教师统一寄出。

3. 家书的变化与拓展

我们还把幼儿精彩的表现（幼儿的唱歌、舞蹈、体育运动、语言讲述、美术作品等)进行拍照、录音或录制成小视频，通过 QQ 群、微信等方式传送给家长，拓展了家书的内容、形式和渠道，产生了良好的效果。

4. 设置亲情聊天室

每月教师组织一次家长聊天活动，围绕如何增进亲情、如何更好地进行亲子沟通等家长们关心或者容易忽视的重要话题，让家长更多关注孩子，改变不适宜的教育观念。

二、互生互长，让成长可见

1. 留守幼儿的改变

留守幼儿在语言表达和社会性方面的变化特别明显。

在语言表达方面，从一日活动中可以发现，留守幼儿从以前的不爱说话开始慢慢地想说、会说、爱说了，能表达自己的想法、愿望和心情了。在亲情家书中，画面内容和感情也越来越丰富。

在社会性方面，通过一系列亲情交流活动，留守幼儿增进了和父母的情感，小小的心灵在爱的沐浴下学会了爱父母、爱身边的人。

2. 家长的改变

留守幼儿的家长也渐渐转变了思想观念和教育方式，在权衡金钱和亲情的时候，更偏向于亲情了。值得欣慰的是，很多爸爸妈妈开始返乡工作了。

小四班陈老师记录的教育故事"妈妈回来了"如下。

留守女孩薇薇第一天上幼儿园，满地打滚，不停哭闹，至今让我记忆犹新。

该怎样改变家庭、幼儿园、社会三位一体的教育断层？建立亲情联系站在我头脑里油然而生。在亲情家书"我爱妈妈"教学活动中，我分享了薇薇妈妈的来信，薇薇的脸上表现出了抑制不住的激动和开心。我鼓励她用花和叶子粘贴卡片回给妈妈。妈妈收到后第一时间联系了我，一直对我说谢谢，心里的愧疚和生活的无奈成为矛盾体。2018 年 3 月 8 日，我们开展了"视频送惊喜"活动，薇薇大胆地举手要参与。当视频接通时，母女俩都笑了。薇薇害羞地说："妈妈，祝你节日快乐，我爱你。"妈妈红了眼眶，大声回应："宝贝，妈妈也爱你。"几天后的早上，薇薇跑过来激动地向我介绍："老师，这是我妈妈。以后每天妈妈都来接我。"原来经过一学期的亲情家书等一系列的关爱活动，妈妈懂得了孩子最在乎的是妈妈的陪伴。

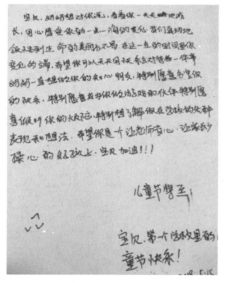

我和妈妈一起做手工

3. 教师的成长

伴随项目的开展，支持园和项目园的教师均获得了不同程度的成长。

教师的教育教学水平明显提高，新手教师的教学活动设计得越来越规范，参与教学研讨的积极性也越来越高。特别是教师关心和爱护幼儿情感的意识及能力得到了明显的增强。

教师的教研水平也在多次历练中得以明显提高。当看到幼儿进步时，教师的职业幸福感油然而生，更加坚定了自己作为一名幼儿教师的职业信念。

4. 注入家园新活力

我们欣喜地发现家园合作正在悄然发生转变，良好的合作机制已经建立。回乡工作的家长自荐成为家委会成员，努力协助教师做好家园各项工作，提高教育实效。亲情信箱从最初留守幼儿与父母之间的爱的传递中转箱，变成了全班幼儿与家长之间的爱的恒温箱。信件五花八门，有童言稚语、我的精彩表现、在园活动反馈以及育儿过程中的经验与困惑等，教师及时在"家长园地"发布、回复，家园互动得以真正体现。亲子活动是家园共育的重要途径和组织形式。通过邀请幼儿家长参加留守幼儿各项活动，家长感受到了幼儿的成长，认识到了活动带给幼儿的教育价值。幼儿园的家园活动不再是教师一个人的"独角戏"，从活动的设计到实施，有家长团队有效配合，班级各项工作得以出新出彩。

我相信，在生活中只要用心去呵护，用情去温暖，就能让留守幼儿拥有快乐童年。

（重庆市武隆区江北幼儿园　　童敏）

第二篇
支持模式：心手相牵，一路同行

多年来，一些地区城乡之间、园所之间的拉手互助、对口帮扶、资源共享等是比较常见的合作方式，旨在提高保教质量，促进教师专业发展。留守幼儿关爱活动既需要坚持不懈，让关爱不间断，又需要有专业性的支持，让富有智慧的关爱启迪农村教师的心灵，直达幼儿的内心。为此，在留守幼儿关爱活动开展过程中，本项目创建了城镇优质幼儿园与留守幼儿集中的幼儿园结对互助的工作模式。具体做法主要如下。

建立城镇园与农村园固定的互助对子。项目省市组织项目区（县）的城镇优质幼儿园（简称"支持园"）对参与项目的留守幼儿集中的幼儿园（简称"项目园"）进行一对一或一对多（一般不超过3所园）的互助性支持和指导。支持园定期派固定的几名专业能力强的骨干教师负责对项目园各项留守幼儿关爱活动进行全面支持和指导。与不断轮换的做法相比，这种模式更有利于彼此相互熟悉、加深了解，更好地合作和开展工作。

支持园教师进行全面示范、引领和指导。支持园教师的工作是全方位的，包括如何树立正确的观念保护留守幼儿的隐私和自尊心，如何让留守幼儿和其他幼儿一起感受到关爱和温暖，如何更好地开展情感社会性主题活动，如何促进幼儿和父母的亲子交流，如何更好地组织留守幼儿过集体生日会，如何发挥图书角的作用，如何更好地改变留守幼儿家庭照料者的观念、提升其照护水平等。支持园骨干教师学习在前，思考在前，身先示范，送教入园。

支持园教师深入走访，用心倾情支持。支持园教师在工作中还注重关心留守幼儿个体及其家庭，特别是那些个别需求突出的留守幼儿。支持园教师利用每次进村支教的机会，在完成规定任务之后，都要对重点关注的留守幼儿给予特别的关爱。比较普遍的做法是尽可能地给予他们更多的关心和陪伴；走进留守幼儿的家庭，和日常照料幼儿的老人进行沟通交流，解决他们的实际问题，特别是教育幼儿方面的问题。

支持园和项目园共享资源，协同活动。有一些幼儿园通过留守幼儿关爱活动建立了持续性的互助合作关系，支持园为项目园提供物质材料支持，如桌椅板凳、玩具教具和其他游戏材料等；提供教师资源支持，如有的幼儿园新教师上岗前先去项目园支教，骨干教师晋升职称前先去项目园支教等。

多年的经验表明，这种方式的效益是多方面的，教师的收获是巨大的。不仅教师提升了专业能力，而且关爱留守幼儿的活动成为他们职业生涯中难忘的经历和宝贵的精神财富。

首先是看到国际的差距，更珍惜自己的工作条件。由于留守幼儿关爱活动的实施，很多城镇幼儿园教师第一次这样深入地了解农村幼儿园的条件、教师的工作状况和待遇等，这些使他们受到很大的震撼。许多教师都说他们和项目园结对的活动对他们来说是深刻的职业教育，让他们更珍惜自己的工作环境和条件。

其次是感受到了农村教师的奉献精神，提升了自己的职业境界。通过与农村教师的密切接触和深度交流，很多城镇教师发自内心地认识到，与农村幼儿园教师的工作环境、工作负荷和工资待遇相比，他们好很多。农村教师的奉献精神让他们敬佩，激发了他们的敬业精神。从此，他们工作踏实多了，埋怨和牢骚少了，谅解和宽容多了，计较和攀比少了。

最后是在辛苦付出中获得了成就感和自我价值感。城镇幼儿园的幼儿一般都和父母生活在一起。对留守幼儿进行情感社会性活动的示范和指导，对于城镇教师来说是新挑战。每次看到留守幼儿和农村教师的变化，城镇教师都会获得满满的成就感和自我价值感。

第一章　心系留守，全面支持

·建立全面支持的工作模式

我们西铁第二幼儿园地处西安市碑林区，是一所城区幼儿园，有幸加入"西部农村 3—6 岁留守儿童心理健康促进项目"并成为支持园，与三所农村留守幼儿集中的幼儿园建立了互助关系。三年来，我园采取多渠道、多途径，深化合作机制，全面提升农村留守幼儿项目园教师的专业水平和关心指导留守幼儿的能力，在合作互助的实践中形成了"1＋2＋3＋4"的工作模式，将"结盟、支持、共建、提升"作为工作方式，确保此项目的全面落实。

一、围绕一个工作目标

我园高度重视对留守幼儿项目园的支持工作，成立领导小组，确定专人负责，提出要坚持"三化"——对象针对化、形式多样化、内容实效化的帮扶路径，建立"四有"——有组织领导、有阶段性计划、有实施方案、有反思改进的工作方式，增强支持活动的有效性，使工作迅速步入有序轨道，实现双方共赢的目标。

支持园制定了工作方案和具体的支持活动方案，从工作目标、领导小组及分工、活动内容、活动实施四方面制订了详细的活动计划。三所农村留守幼儿项目园从项目团队、情况简介、设立项目专用簿（册）、活动安排四个方面制订了详细的活动计划。

二、搭建两个交流平台

现场讨论平台。按照工作计划，支持园与项目园定期开展集中面对面交流，对工作问题及困惑进行研讨，现场诊断，集思广益，达成共识，推进项目纵深发展。

网络交流平台。为了沟通更及时，支持园和项目园通过建立 QQ 群和微信群、发送电子邮件，健全互访交流机制；通过互联网技术共享文件资料，了解相关工作开展情况，随时调整工作重点和实施步骤，加快项目横向联动。

三、实施三条有效途径

此项目旨在提升留守幼儿的情感交流和表达的能力，增强留守幼儿与父母的沟通与交流，增进亲子感情；提高教师的教学能力及教研能力。三年来，我们开展了走出去送教活动、献爱心捐助活动、家访亲情互动活动、快乐的节日活动、教学研讨活动等各类针对性活动，以此项目为切入点，为留守幼儿提供交流机会，提高了留守幼儿的语言表达能力，促进了亲子沟通，增进了亲子感情，让留守幼儿感受到了关爱的温暖。

(一)走出去送教活动

我园多次开展走出去送教活动，针对部分留守幼儿不主动与人交流的特点开展教学活动、游戏活动以及专题研讨活动，采取有效干预措施。

教师送教入园，实施绘本《我妈妈》《猜猜我有多爱你》《小红帽》等的教学。活动中幼儿积极踊跃，乐意与人交流，提高了语言表达能力。看到幼儿的进步，我们都感到无比欣慰。

教师带着精心准备好的游戏材料，进行"清凉一夏 送游戏下乡"的活动。游戏是幼儿喜欢的活动方式，如送教教师带来了漂亮的彩虹伞，和幼儿一起进行"拉个圆圈走走""卷白菜""捕小鱼"等游戏，幼儿园里充满了幼儿的欢声笑语，幼儿的快乐也感染着在场的教师。在游戏中，幼儿自由地变换姿势，重复自己感兴趣的动作。游戏满足了幼儿自我表现、自我肯定的需要。幼儿在游戏中可以获得影响与控制环境的能力，建立起了对自己的信心。

教师还开展了美术活动"扇面的创意"，鼓励幼儿大胆创作，和幼儿一起活动。幼儿用自己喜欢的方式装饰扇面。活动结束后，幼儿大方地向同伴和教师讲述自己的创意。在活动前一些幼儿还簇拥到教师的面前，告诉了教师最近发生的一些开心的事。看到幼儿纯真的讲述，我们也感到无比开心。

每次送教活动结束后，支持园都会进行研讨交流，教师根据游戏活动及教学活动的实际情况进行自我反思。大家各抒己见，积极发言，获得了新启示和新感悟，从而提高了探究能力、合作沟通能力，提升了专业素质。

走出去送教活动的开展让园所之间建立了良好的合作与交流关系，也让留守幼儿逐渐与教师、同伴建立了互相信任的关系。随着教师与留守幼儿一起进行形式多样的活动，留守幼儿也渐渐地喜欢上定期来看望他们的朋友。

(二)献爱心捐助活动

在此项目活动中，我们为幼儿带去了更多的爱心。我园教师和九三学社陕西省委社会服务部负责人、陕西教育电视台一行人来到户县芝麻开门幼儿园进行献爱心活动，延伸"大手拉小手，一起向前走"专题活动。

我园为项目园留守幼儿赠送了书包、文具盒、衣服、手套，给他们送来了温暖，在寒冷的冬天，让在场的每一个人心中增添了一抹温暖。

(三)家访亲情互动活动

项目活动伊始，项目园进行留守幼儿家访活动，了解留守幼儿的家庭情况；活动进行中，项目园始终坚持定期家访、电访，解决教育教学活动中幼儿个性化的问题，通过项目支持的绘本教学开展给爸爸妈妈写一封信、画一幅画、打一个电话等活动，促进了亲子互动，搭建了爱的桥梁。

四、完成四项重点工作

(一)建立留守幼儿档案

三年来，我们分别在三所项目园通过前期问卷调查、家访，明确了留守幼儿的情况。依据留守幼儿一日生活表现，我们对留守幼儿情况进行了统计，为每个留守幼儿建立了档案，通过电话和微信的方式，加强了幼儿园与幼儿父母及照料者的联系，共同建立了以留守幼儿为中心的关爱网络。建立留守幼儿档案，可以在较短时间内帮助教师了解留守幼儿的个性特点、心理状况，便于教师因材施教，提高教学针对性，为教师科学地管理和教育留守幼儿提供了直接的方法，为幼儿园的留守幼儿工作提供了心理学依据。

(二)形成活动记录手册

在项目活动实施过程中，我园和项目园共同设计了项目活动记录表、工作手册、教学札记。尤其是项目活动记录表，全方位地涵盖了活动时间和内容、参加人员、活动计划、活动效果。

（三）营造良好的育人环境

良好的亲子关系和安全的依恋关系是幼儿情感和社会性发展的基石。项目园通过与留守幼儿父母或照料者进行交流和沟通，建立了关爱经验交流制度，不定期召开研讨会、座谈会，不断探索新方法、新措施，增强了留守幼儿关爱活动的实施效果。

（四）关心留守幼儿的生活

我们号召全园教师共同关心留守幼儿，给予他们母爱般的温暖。教师也经常利用课余时间与留守幼儿共同开展"两人三足""袋鼠妈妈"等游戏。

三年来，我们的不懈努力使留守幼儿有了很大的转变。现在留守幼儿不仅会主动打招呼，在教学活动中也能积极与教师和同伴互动。我们愿意携手延续爱心，共同关爱留守幼儿。

（陕西省西安市碑林区西铁第二幼儿园　　刘亚娟）

·春风化雨润心田

幼儿越小，对父母的依恋越强烈。在幼儿时期就对留守幼儿进行有针对性的关注和教育，对留守幼儿一生的发展起着关键性作用。作为支持园，我们走进了留守幼儿集中的幼儿园。

一、走近幼儿，倾听心声

前期，我们走进留守幼儿所在的幼儿园，面对面和留守幼儿交流，倾听留守幼儿的心声。一个眉清目秀的小女孩哽咽着说："我不想让妈妈外出打工……"看着幼儿哽咽、流泪的场面，听着幼儿对父母说的话语，感受着幼儿不知所措的情绪，我们产生了很大的触动。我们了解、分析农村留守幼儿更多的心理需要，不断采取相应措施，走进他们的心灵。

二、互动游戏，拉近距离

游戏是幼儿的基本活动。我们首先和留守幼儿进行各种互动小游戏，使留守幼儿愿意接近我们，以拉近和留守幼儿的距离。例如，手指游戏"小白小白上楼梯"、音乐游戏"穿针引线"、户外体育游戏"老鼠笼"等趣味横生、其乐无穷的互动游戏，增进了教师和留守幼儿的情感，也带给了留守幼儿更多的快乐。留守幼儿感受到了除了本园的教师、小朋友在关心着自己外，其他的教师也在关心着自己，于是乐意绽放笑容并与周围人亲近。更重要的是，幼儿在互动过程中培养了友善、勇敢、积极、乐观等良好的品质。

三、教育活动促成长

绘本故事中爱的教育能给留守幼儿带来不一样的精神食粮。在《魔法亲亲》里，留守幼儿根据生活阅历，感受着妈妈和孩子之间爱的"魔法亲亲"；在"看不见的线""先左脚后右脚""一直爱你 永远爱你"活动中，教师与留守幼儿的每一次拥抱、牵手，都将周围人的爱传入留守幼儿的内心。

四、观摩活动体验爱

对于留守幼儿，家园合作能更好促进对他们的教育。为了使留守幼儿的家长感受陪伴孩子的重要性，提高家长育儿的意识和能力，我们在进行留守幼儿关爱活动时都会邀请家长参加，请家长进入课堂。上课前后我们给家长详细剖析活动的主要目的，使家长真正了解和孩子共同活动的意义。

参加活动的家长大部分是祖辈，留守幼儿和教师的亲切互动，使家长亲身体验到了孩子从懵懵懂懂到逐渐感知，亲耳听到了孩子对自己说"爷爷，我爱你"。看着孩子的大胆表现，祖辈也感受到了陪伴孩子、与孩子交流的重要性。

五、座谈会中增强意识

我们在和留守幼儿的家长面对面交流的过程中，手把手教给家长在和孩子相处时需要注意的地方，以更新留守幼儿家长的教育理念。座谈会上，家长主动讲起自己和孩子的情况。在亲身体验孩子的活动后，有的家长说："孩子的教育原来并不只是写字，孩子的情感教育也很重要。"相信通过这样一次一次的现场讨论，再加上教师的专业引领，家长的育儿经验会逐步丰富。

六、情系家访，爱在路上

家访是家园合作重要的方法之一。我们利用业余时间，深入农村留守幼儿家庭进行家访，感受留守幼儿真实的成长环境。家访中接待我们的常常是祖辈，谈到幼儿的教育问题，我们需要费一番周折。我们将留守幼儿的在园表现用视频、照片的形式呈现给家长，通过直观的形式与家长交流，这样效果更好一些。除此之外，我们也建议，让幼儿通过电话、微信、QQ 与父母交流，以此来促进亲子关系和谐发展。

总之，幼儿园应通过多种形式积极地与家长沟通，不断提升农村家庭育儿水平，倡导以良好的家庭氛围巩固幼儿园教育成果，形成家庭与幼儿园携手育人的强大合力。

（河南省卫辉市幼儿园　　徐发红）

·丰富的一日支持性活动

迫于生计，父母在外地打工，长期与孩子聚少离多。我们对留守幼儿进行了一系列支持性活动。一般来说，作为支持园，我们每月至少来项目园一次，主要进行三项活动。

一、游戏活动体验爱

游戏是幼儿的最爱。今天我们走进留守幼儿所在的幼儿园，与幼儿开展他们喜欢的各种游戏。奔跑是幼儿的强项，我们首先进行的互动游戏是"你追我赶"。幼儿奔跑着，围着滑梯你追我赶，脸上渐渐荡漾起了笑容。教师将游戏中被抓到的幼儿抱了起来，胳膊紧紧地搂住幼儿，轻轻对幼儿说："老师抓到你啦！""你追我赶的游戏你们喜欢吗？""喜欢！"笑容一直在幼儿的脸上洋溢着。

"你们玩过藏猫猫的游戏吗？谁先藏呢？"幼儿没有人回答。"好吧！我们来玩藏猫猫。你们藏，我来找。"幼儿纷纷寻找躲藏的地方，桌子下、椅子后都是幼儿躲藏的地方。"到底藏到哪里了呢？怎么找不到呢？""嘿嘿。"一阵笑声传了出来。"找到一个，原来你藏在桌子下了呀！"

"孩子们，还愿意玩吗？""愿意！"幼儿齐声回答，一双双期盼的眼睛看着教师。"我们再来玩一个'跟我做'的游戏吧。"教师扭动着身体，在"地洞"中钻来钻去。幼儿的眼睛更明亮了，也在"地洞"中欢快地爬来爬去。

"孩子们，找一个你喜欢的椅子坐下来吧，今天你们表现得太棒了，我爱你们！我爱你们！"教师张开双臂，一个一个地拥抱幼儿，将一句句"我爱你"送到幼儿的耳边。温馨的语言、热烈的拥抱，使幼儿感受到了教师浓浓的爱意。

二、教育活动感受爱

游戏后，幼儿认真聆听着教师带来的绘本《爱你　一直爱你》。

绘本《爱你　一直爱你》讲的是长尾巴和小尾巴两只可爱的老鼠之间"爱"的故事。世事无时不变，可是有一样事物是永远不变的，那就是父母对孩子的爱。

首先看绘本的封面，这是谁？大老鼠为什么要抱着小老鼠呢？幼儿有的回答出了"大老鼠很爱小老鼠"。我们惊诧于幼儿竟然回答得这么好。看来在前面教师和幼儿的互动游戏中，教师紧紧抱着幼儿，轻轻地对幼儿说"我爱你"，让幼儿体会到了教师的爱，幼儿立刻就将情感迁移到了这里。望着幼儿可爱的脸庞，回想着前测时幼儿紧闭的小嘴，我们心里有说不出的开心。看来，我们只要肯动脑筋，用专业的教育行为进行适当的引导，一定会使这些留守幼儿有大的发展。

故事讲完了，故事中长尾巴和小尾巴进行了几个游戏呢？有的说两个，有的说三个。到底几个呢？都有什么游戏呢？我们来看图，"你追我赶""藏猫猫""跟我做""三个游戏"，幼儿看着图，大声回答着。

"孩子们，小尾巴玩累了，长尾巴为什么把她放在窝里最柔软的地方呢？""因为长尾巴爱她。"幼儿体验到了游戏中的爱，所以能体验长尾巴和小尾巴之间的爱，也能说出长尾巴对小尾巴的爱。他们真的很了不起。

今天，恰逢项目园的教师给近期过生日的留守幼儿一起过集体生日，听课的还有幼儿的家长。有的爸爸妈妈在外地，但是爷爷奶奶在现场。幼儿戴上生日帽、许愿，大家给幼儿唱过生日歌后，就要吃蛋糕了。教师说："今天我们有的爸爸妈妈来了，有的爷爷奶奶来了，吃蛋糕前应该先怎么办呢？""先让爷爷奶奶、爸爸妈妈吃。"幼儿端着蛋糕，走到了自己的亲人面前，将第一口蛋糕喂给爷爷奶奶、爸爸妈妈吃，多么温馨感人的画面啊！这时我看到了一位奶奶吃蛋糕时眼角流出了泪水，但是立刻又笑了。奶奶感受到了孙子的爱。我很庆幸捕捉到了这几个珍贵的镜头。孩子，希望"爱"能永驻你的心间。活动最后，在《爱我你就抱抱我》的歌声中，幼儿和自己的好朋友相互拥抱。"孩子们，将你的爱也送给你最爱的亲人吧！"

三、赠送礼物蕴含爱

为了进一步支持、关爱这些留守幼儿，我们将带来的礼物送给了他们。看着幼儿拿到礼物后高兴的样子，我们也很欣慰。虽然橡皮泥不是那么贵重，但是，教师希望他们热爱活动，热爱创作，在有趣的手工活动中能够创作出许多美好的东西。活动后，我们和留守幼儿的家人、教师及这些可爱的幼儿一起合影留念，希望记录这些珍贵的瞬间。相信我们的努力一定能够带动更多的力量参与到关爱留守幼儿的活动中。

在平时，我们以各种方式和留守幼儿进行着各种各样的活动。我们心中一直有个坚定的信念，让"爱"滋润留守幼儿的心田，让留守幼儿深深感受到身边有许多关心、爱护他的人。"爱你　一直爱你"是我们对留守幼儿进行课题工作的原则，同时我们也遵循着让留守幼儿能感受到这种爱，并将自己的爱给予别人，让人间处处都有爱的理念。

（河南省卫辉市幼儿园　　柴玉玲）

第二章　深入了解，重点着力

·心手相牵，我们一起

关爱留守幼儿，是全社会共同的责任。我们西航天鼎保育院作为支持园，在帮扶过程中发现全社会对留守幼儿关注度不够，留守幼儿中不愿与人交往的幼儿相对较多，为了增加他们的交往机会，我院发起了"关爱留守幼儿手拉手活动"，特别邀请了农村项目园的 15 名留守幼儿来院内做客，与我院 15 个志愿者家庭开展了为期一天的共同活动和持续多样的后续活动。

一、精心挑选志愿者家庭

(一)发出倡议，招募志愿者家庭

我们在院内张贴海报、发放宣传单、发出倡议后，短短几天内就有 85 个家庭报名参加活动。家长们参与的积极性很高，一些没有领到报名表的家长自制了报名表报名参加，都希望能为留守幼儿做点事情。

(二)家长和幼儿共同制订活动方案

为了让我院的幼儿也更深入地参与活动，我们要求报名参加活动的家庭和教师先询问幼儿的想法，和幼儿共同制订活动方案。他们设计的活动有摘草莓、去游乐场、参观地铁站、亲手制作蛋糕等。这些从幼儿的角度设计的方案更易被留守幼儿接受。在与家长的沟通中我们了解到，有的家长安排的活动很有意义。比如，有一位家长说想带幼儿参观高铁站，让幼儿感受现代化交通的便利。

(三)多方考虑，选择志愿者家庭

为了让活动面向更多的群体，我院结合家长的设计方案，多方面考虑，反复斟酌，精心挑选出了15个家庭与留守幼儿共同参加本次活动。参与活动的家长有教师、军人、医生、个体户、司机、企业员工等不同职业。

二、用心策划活动方案

结合"农村留守儿童项目"的内容，我院项目组成员精心策划了手拉手活动方案，并进行了明确的分工。

(一)启动仪式

我院邀请公司领导和相关人员在多功能厅举行了简短的手拉手活动启动仪式，特别为留守幼儿赠送了礼物。每个志愿者家庭和一名留守幼儿组成一个4人手拉手活动小组。

(二)"风筝节"活动

为了让留守幼儿和志愿者家庭组成的小组成员尽快熟悉彼此，我们让他们以小组为单位共同参加了保育院"风筝节"活动，在操场上用彩笔、颜料共同绘制风筝，一起商量交流，互相支持鼓励，画出了心中美好的愿望。

(三)小组自由活动

家长们将留守幼儿带出幼儿园，按照计划开展了丰富多彩的活动。留守幼儿在志愿者家庭的陪伴下，亲手做了蛋糕、饼干，逛了超市、游乐场，体验了摘草莓，去图书馆看书，开阔了眼界，增进了情感交流。

三、细心安排，考虑周全

第一，我院李媛院长主持召开了"关爱留守幼儿手拉手活动"专项会议，重申了活动目标和意义，使志愿者家庭的家长和教师对活动流程、要求都有了全面细致的了解。

第二，为了保障留守幼儿的安全，我院制定了详细的安全责任书，内容包括留守幼儿的饮食安全、活动安全、交通安全、回园时间等。每个志愿者家庭都与我院签订了责任书，为保障活动顺利进行奠定了基础。

第三，为了让留守幼儿尽快融入手拉手小组，每个家庭精心设计、制作了自己小组的标志卡，还写上了彼此关爱、鼓励和祝福的话。

四、后续活动

通过这次活动，我院作为支持园和项目园建立了更紧密的联系，我们的支持活动不仅是两所幼儿园教师之间的相互支持，更多的家长也参与其中。在活动中我们与留守幼儿及其看护者、家长保持经常的联系，以灵活多样的方式提供适宜的支持，还特别注意保护留守幼儿的隐私，增强留守幼儿的自信心。

（陕西省西安市西航天鼎保育院　　田伟红）

·特别的爱给特别的你

"特别的爱，给特别的你，你的忧愁，逃不过我的眼睛……"，这是一群特别的幼儿：当别的幼儿依偎在父母怀中撒娇的时候，这些幼儿的父母却远离家乡到外地务工，幼小的他们只能留守在大山里，留守在上了年纪的爷爷奶奶身旁。作为一名幼教工作者，我很想为留守幼儿做些什么。

济源市位于豫西北，山区面积约占 88%。2015 年，我园成为留守幼儿关爱工作的支持园。在调研过程中，我们走进了每个留守幼儿的家庭，做到一对一调查，确保不漏掉任何一个需要支持的幼儿；在课题实施过程中，我们细心观察这些幼儿，及时发现幼儿的情绪变化，并记录个案，为下一步支持整改方案。做着，走着，探着。其间，我们听到、看到了很多令人感触的故事，也直观体验到了饱含爱心在做的留守幼儿支持工作取得的一些成效。

一、逐一走访进家庭

在两年的研究中，我们课题组的教师走访了参与课题的研究园的全部留守幼儿的家庭，详细记录了走访对象、走访内容、需要帮助解决的问题、走访对象的详细地址、监护人姓名和联系电话等，并根据调查情况，认真填写了留守幼儿测评调查问卷，做到"不漏访一个人，不丢失一份信息"，为每个留守幼儿建立了独立档案和联系卡。

二、特别关注记心间

小斌虽不是留守幼儿，但他的家境和遭遇却触动人心。他的父亲双腿残疾，现在靠轮椅行动，母亲已离家出走多年，他一直跟随年逾古稀的爷爷奶奶生活。爷爷奶奶主要靠务农维持生计，生活极其艰难。常年的生活压力使奶奶有些轻度抑郁。小斌本人也不愿与人沟通，教师每次提问题的时候，他都只是摇头或点头，偶尔才会吐出几个字。通过家访了解情况后，我们表示会给予小斌更多情感和心理上的抚慰。

我们还关注到，另一名幼儿小旗的家远在坡池村，母亲意外身亡，他和姐姐不幸成了单亲家庭的孩子，全家的生活仅靠父亲在外打工维持。年迈的爷爷奶奶为了让孩子上学，带着小旗和姐姐来到学校附近的村庄租住。进行家访之后，教师很同情小旗的遭遇，告诉小旗的爷爷奶奶幼儿园会特别关心爱护小旗，让小旗也能获得情感上的关注和教育，同时表示愿意和他们携手让小旗健康快乐地成长。

还有很多触动人心的人和事，这让我们在心酸的同时更加坚定了信心去关爱、帮助留守幼儿以及那些有需要的非留守幼儿。我们一定要关注他们的生活，把真爱融入幼儿的心灵，把特别的爱送给这些"特殊"的幼儿，为他们的学习、生活和身心健康发展营造良好的氛围，鼓励支持他们学会自理、自护、自强、自律，获得幸福和快乐的童年生活。

三、让你感到我的爱

在课题研究中我们发现，给幼儿讲好听的绘本故事会给幼儿带来惊喜。我们希望通过每一次的亲密接触，让幼儿去发现身边的美好，知道虽然爸爸妈妈不在自己身边，但是除了爷爷奶奶外，还有教师和社会各界人士在呵护他们，从而让他们学会微笑，学会生活，学会保护自己，学会表达爱，学会分享自己的快乐。

我们在班级建起了亲情图书角，每一本图书都凝聚着课题组成员和幼儿园对留守幼儿深深的爱。现在，亲情图书角已经成为幼儿的知识乐园。我们经常可以看到幼儿手拿绘本在这里阅读，有些幼儿还经常坐在一起分享书中的故事。幼儿也渐渐学会了用书中的人物、事情来鼓励自己。亲情图书角的建立扩展了幼儿的知识经验和情感世界，同时也激发了幼儿的想象力和表达能力。

由于幼儿年龄偏小，书写能力较弱，家长工作流动性大，没有详细通信地址等，因此，我们想办法让幼儿和家长用一封图画信来进行亲情传递。除此之外，我们还会定期组织留守幼儿与远在外地的父母视频通话，给父母讲讲幼儿园的开心事，述说自己的小秘密，谈谈自己和爷爷奶奶在一起的生活场景等。虽然在通话中，也有部分幼儿不愿表达自己的爱，大多数幼儿更多的表现是腼腆、害羞，但是能听到父母的声音和问候，他们也会高兴几天，笑容始终挂在脸上。

我们还特别关注了留守幼儿的学习、生活、户外活动，给予了他们关心，并做了留守幼儿个案记录表。我们定期把个案记录表拿出来进行对比，分析在关爱过程中每个留守幼儿的微小改变及原因。我们还将这种个案观察记录应用到所有幼儿身上。在进行个案观察记录的过程中，我们注意到小航很少与人交流，经常抽泣。在与小航的爷爷交流后，我们了解到他的妈妈病逝了，爸爸在广东打工，他很长一段时间都没有和爸爸联系了。虽然小航不是留守幼儿，但他的情况也特别需要老师关爱。在随后的学习、生活中，我们格外照顾、关心他，精心给他准备生日会。慢慢地，我们发现他有了改变，在问他问题时他也会简单地回应一两句了，并且不再出现抽泣的现象了，尤其是让他跟远在广东的爸爸视频通话后，他的脸上有了笑容，明显开心了许多。

亲身经历使大家明白，关爱幼儿最重要的是把爱传递给幼儿，并能深入幼儿的内心，让幼儿真切地感受到这份爱。

四、爱心行动传父母

在课题研究中，我们邀请家长参加亲子活动、生日会、讲座，并通过QQ、微信平台传播育儿知识，展示幼儿在园的表现，让幼儿定期与家长进行视频聊天，使家长感受到了幼儿对爱的期盼和对陪伴的渴望，感受到了家庭教育的重要性。通过我们对家长的引领，很多家长主动转变了自己对孩子的教育态度。

在留守幼儿生日会中，一位爸爸知道我们要给他的孩子过生日，但孩子妈妈回不来，他自己主动从外地赶回来参加孩子的生日会。他不仅给自己的孩子带了礼物，还为每个留守幼儿带了礼物，并教幼儿学习篮球操。幼儿开心极了，至今谈起来当时的场景还是历历在目。还有一个幼儿快要过生日了，家长在与幼儿视频交谈时，感觉到孩子的情绪不高，在孩子生日当天，特地赶回来给了孩子一个惊喜。在与幼儿的接触中，在与家长的沟通中，我们感觉到了家长的变化。家长不仅给幼儿带来了惊喜，而且他们对待幼儿的态度也在不时地给我们惊喜。每次生日会上，在生日祝福的歌声中，幼儿嘴里吃着甜甜的蛋糕，手上拿着叔叔阿姨送来的礼物，脸上洋溢着灿烂的笑容，仿佛变成世界上最幸福、最快乐的小天使。我们把幼儿在幼儿园的幸福瞬间记录下来发给远在外地的父母，让父母感受到我们对孩子的关注，让他们更加注意自己也要多关注自己的孩子。

慢慢地，家长陪伴孩子的意识增强了，有的家长会把孩子接到自己的身边上学，或回到孩子身边工作。看到幼儿幸福的笑脸，我们的心都要融化了，为家长的转变倍感欣慰，祈愿孩子们能在爸爸妈妈身边健康快乐地成长。

虽然幼儿园工作繁忙，工作压力很大，但是我们依然认真做着这项关注留守幼儿心理健康的课题，并通过不断学习提升自己的专业素质，希望能以此帮助更多的留守幼儿和那些需要关爱的幼儿。因为，我们知道自己做的是一件充满爱的事情。

（河南省济源市实验幼儿园　　卢军玲　常小利）

·有爱就要说出来

我们来到洛南古城镇的农村幼儿园，和幼儿一起阅读绘本《我爱奶奶》。绘本以可爱的小熊为主人公，讲述它在成长过程中与家人发生的温馨感人的故事，图文间洋溢着浓浓的亲情。活动以爱为契机，让幼儿敢于表达自己内心的想法，大胆表达自己心中的爱。参加活动的是混龄班小、中、大班的幼儿。这些幼儿的爸爸妈妈在外地工作，他们由爷爷奶奶照顾，对爷爷奶奶的感情是非常浓厚的。

幼儿把"奶奶"叫作"婆"，这是幼儿亲切的称呼。在讨论"小熊说我爱你"的情节时，我发现孩子们感受到了小熊和奶奶的温暖亲情。通过细致分析奶奶对小熊的爱，说一说自己和奶奶之间的事情，幼儿很快想到了自己和奶奶的一些事情，用不太标准的普通话说着奶奶照顾自己的事情："我婆每天给我做好吃的。""我婆每天送我上幼儿园。""我婆每天接我回家。"幼儿比以前更愿意表达自己的想法了，能够积极地参与其中，但在表达爱意的环节，很多幼儿有一些害羞，不敢讲，不知道用什么样的词语来表达自己的爱。其中小班的有一个幼儿，在想了很久以后才慢慢地说出"奶奶，我爱你"，满含深情的一句话表达了她对奶奶深深的情意。

幼儿成功地迈出了第一步，勇敢地说出了自己的想法。在给奶奶装饰礼物的过程中，幼儿自选礼物，精心设计和装饰，并在老师的帮助下将自己想对奶奶说的话记录下来。有的幼儿很认真，细致地装饰自己的礼物，并说："这是我给奶奶的新杯子，她可以用它喝水了。"有的幼儿不知道给奶奶送些什么，在经过长时间的考虑后，最终选择了送水果礼盒，并说："奶奶最喜欢吃水果，给奶奶买一盒吧。"还有一个幼儿说："我爱奶奶，祝奶奶身体健康。"说完眼中饱含泪花，这是幼儿最真实的想法，奶奶年纪大了，在照顾自己的同时也要注意身体，这才是最好的礼物。我们在记录幼儿语言的过程中感受到了留守幼儿真挚的情感，感受到了在幼儿的成长中祖辈的关爱对他们成长的影响。

（陕西省西安市西安交通大学幼儿园　　代小慧）

·发现每一颗不同的星星

从最初参与到关爱留守幼儿项目时的迷茫，到现在通过点点滴滴真正了解留守幼儿这个群体，我在每个阶段都有不同的感悟。想象中他们应该都是极度内向、不善交际的孩子。记得第一次去看望他们时，我们准备了很多礼物，他们并不完全像我们想象中的不爱与人交往，有一个小女孩接过礼物后，用水灵灵的眼睛望向我，露出开心的笑容，向我道谢。

再后来和他们一起进行了美术活动"未来汽车"，一个名叫轩轩的小男孩给我留下了深刻的印象。在前期的引导铺垫环节，他只是默默地听着，并没有过多与教师互动。只见他在具体操作环节专注地创作着，到了作品欣赏环节，他的画让在场的人不由得称赞起来，因为他不仅设计出了未来的汽车，还在道路中间画出了用来指挥交通的智能机器人，还有可以飞行的自行车等。让人难以想象的是这个话不多的小男孩的内心世界竟然如此热闹和精彩。我不再像之前那样以为送一些物质材料就能真正帮到远离父母的留守幼儿了。随着我们与幼儿之间的互动越来越多，我发现有些幼儿有点儿胆小、害羞，需要我主动接近、安慰和鼓励；有些幼儿则愿意向我们表露自己的心声，甚至开心时也会过来抱抱我们。

留守幼儿不是一个抽象的群体，而是由一个个鲜活的有着不同内心需求个体组成的。例如，在留守幼儿这个庞大的群体中，有的幼儿期待着父母回家，需要更多的精神抚慰；有的幼儿生活在家徒四壁的老屋里，需要更多的物质资助；有的幼儿生活在孤独寂寞中，需要更多的心理辅导……帮助留守幼儿，要针对每个幼儿的不同特点，制定有针对性的策略。只有这样，才能真正满足他们内心的渴望。一次次的活动让我在更加了解他们的同时，也发现每个幼儿都有独属于自己的闪光点，有的懂事，有的动手能力超级强，有的画画厉害。其实他们并不需要我们带有怜悯性质的帮助，他们真正需要的是我们可以发现他们的闪光点并给予他们支持的力量。

美国心理学家查丝雷尔说："称赞对鼓励人类灵魂而言，就像阳光一样，没有它就无法成长开花。"留守幼儿当然需要社会的关爱，但关爱的前提是要善于发现他们的个性，善于去感受每一颗不同的心，鼓励他们，帮助他们建立自信。其实这些远离父母的幼儿就像是不同的星星，具有各自的闪光点。我们不是因为要去帮助他们而靠近他们，靠近他们是为了引导他们发现自己的闪光点，让他们的光芒更加璀璨。

（陕西省西安市碑林区西铁第二幼儿园　　魏丹）

第三章　心手相牵，情感赋能

·孩子，愿你生命中的每一天都充满爱和阳光

2016 年 11 月初，作为支持园，我们再次来到对口的项目园。我第一次见到姗姗，一个瘦瘦弱弱的女孩，肤色较黑的脸上有着怯怯的神情。她不敢正视我，头低得很深。我尝试着问了姗姗几个问题。

在互动过程中，我发现每次遇到和爸爸有关的问题时，姗姗就不说话了。经过了解我才知道，在姗姗不记事的时候爸妈就离婚了，她自小在姥姥家长大。难怪当提到爸爸时，她会告诉我们："我只有姥爷和姥姥，没有爸爸。"尽管姗姗不是留守儿童，但她是我的牵挂。

再次见到姗姗是当年的 12 月。作为支持园，我们按照计划送教下乡到圈头中心幼儿园，带去的活动主题是"我和爸爸"。在活动中，我始终在观察幼儿的表情，姗姗从始至终都很认真地听着，但是对于教师提出的问题，她从不回答。即便如此，我从她的眼神中也看到了一些变化，她的眼神从最初的躲闪慢慢地变成了专注。也许是被书中小熊和爸爸之间发生的故事吸引了，也许是被父子之间暖暖的爱感动了，也许是这温馨的故事唤起了她对父爱的渴望。

故事讲述环节结束后，马老师组织幼儿进行手工制作活动：在画面上画自己的爸爸，然后对画面进行装饰，写上自己想对爸爸说的话，由教师帮忙寄给远方的爸爸。

幼儿开始制作了，边画边相互欣赏、谈论。姗姗拿起画笔迟疑地在画纸上画着。我问她这是谁，她想了好久告诉我，在她家里，男的只有姥爷，所

以她是按照姥爷的样子画"爸爸"的。哦，原来这是她想象中的爸爸。我试着问她："你有想对爸爸说的话吗？"姗姗低着头，小声告诉我："爸爸，你好。"此时我无法回应这个孩子，不知道该怎么评价她的作品，只能将这个瘦弱的小女孩揽在怀中久久拥抱。"爸爸，你好"这一声问候，刺痛了我的心。孩子，希望在你的心中能给"爸爸"预留一个空间，让这个想象中的人给予你爱和温暖，陪伴你长大。

为了了解姗姗的家庭情况，更加有针对性地帮助她，我们再一次去了村里。这次我们和姗姗的老师及家长约好，直接去了姗姗的家里。知道我们要去家里，姗姗像一只快乐的蝴蝶，飞舞在前边，一直带着我们到了她的家里。

进入姗姗家后，我们才清楚姗姗的家庭背景。她的姥姥有两个女儿，姗姗妈妈是老大，离婚后带着女儿住在家里；老二虽然有自己的家庭，可是也是长期住在娘家。家里唯一的男人就是姥爷。难怪提到爸爸时，姗姗头脑中出现的会是姥爷的形象。

姗姗是个手巧的孩子，在我们和她姥姥交谈时，她一直坐在小板凳上，就着炕沿儿摆弄手中的折纸，普通的纸在她的手中变换成了各种形象。当我们提到姗姗的爸爸时，姥姥的话语中充满憎恨，声音也高起来了。姗姗小小的身体也随着姥姥的话有了变化，瞟过来的眼神中有警惕也有怨恨。我忽然明白了以往和姗姗互动时她的种种表现的根源。

面对姗姗这样的家庭所存在的问题，我们虽然无法一下子就改变什么，但是经过交谈，家长已经注意到当着孩子面说起孩子爸爸时态度要平和，也答应我们以后尽量不当着孩子的面谈论孩子爸爸的不是。

父母是孩子无法选择的，但是我们成人可以选择给孩子怎样的家庭。我们希望通过关爱活动，帮助更多的像姗姗这样的孩子远离怨恨与仇视，用宽容和谅解迎接自己生命中的每一天，和自己遇到的每一个人好好相处，能够得到爱也能够学会爱。

（河北省保定市安新县机关幼儿园　　王爱平）

·我们都爱你

作为支持园，我园与项目园手拉手，共同帮助留守幼儿提升语言与社会交往能力。

浩浩是一个5岁的男孩，父母离异，爸爸外出务工，自小和爷爷奶奶生活在一起，爷爷奶奶承担起了教养孩子的职责。他虽然不是留守幼儿，但也特别需要关心和爱护。以下展现几个他的小镜头。

镜头一：我妈妈不要我了

在阅读绘本《我妈妈》之前，面对陌生的教师，大部分幼儿显得有些拘谨，个别幼儿甚至出现些许抵触情绪。但是，随着活动的开展，幼儿被"妈妈"千变万化的形象吸引了，表达的欲望也更加强烈，最后教师引导幼儿一起大声说出"妈妈，我爱你"。融洽、温馨的氛围将活动推向高潮。这时，浩浩走到老师身旁说："王老师，我妈妈不要我了。"顿时，老师一惊，思考后告诉浩浩："妈妈很爱你，不会不要你的。"浩浩强调："我婆（方言，普通话里的奶奶）说，我妈是个坏女人，她不要我了。"老师摸着浩浩的头坚定地告诉他："老师相信，不论妈妈在不在你身边，她都永远爱你。"

镜头二：没有"妈妈"的家书

在《我妈妈》绘本阅读活动结束后，教师请幼儿给妈妈画家书，表达内心的思念。20多封家书，唯独浩浩的家书中没有出现妈妈。他是给爸爸画的，家书中有阳光、小草、花朵、爱心和房子。他想告诉爸爸，早点回家，和姑姑、奶奶、爷爷一起吃火锅。老师问浩浩："你想和妈妈一起吃火锅吗?"这时，浩浩看了看老师，若有所思，但最终什么也没说。

镜头三：你做我妈妈吧

幼儿手里拿着家书，沉浸在之前画家书的喜悦中，高兴地与老师告别。这时，浩浩第二次来到老师的身边，老师俯下身子，浩浩搂着老师的脖子，悄悄地说："老师，你做我妈妈吧!"老师笑着说："老师会像妈妈一样爱你。"浩浩满足地离开了。

分析：家庭因素的影响

浩浩父母感情不和，在他出生不久后，母亲外出务工，不肯回来，最终与浩浩父亲办理了离婚手续。爷爷奶奶肩负着照顾浩浩的主要重担，奶奶对母亲的怨恨与日俱增。在隔代教养中，爷爷奶奶对浩浩的生活护理得无微不至，却把"你妈妈不爱你""你妈妈不要你了"挂在嘴边。因此浩浩对妈妈产生了深深的厌恶与怨恨之情，但是内心却极度渴望像其他孩子一样拥有妈妈，拥有一个完整的家。浩浩在幼儿园只与班上的同伴和教师交流，会对自己喜欢的女老师说"你当我的妈妈吧"，面对陌生的教师常常表现出抵触的情绪。

父亲常年外出务工，陪伴浩浩成长的时间短，无法满足浩浩对父爱的需要。家庭的影响会让浩浩产生"被抛弃"的感觉，对浩浩的成长造成不利影响。

策略：家园共育与社会支持

我们在深入了解了浩浩的家庭背景与在园情况后，通过与项目园的沟通，浩浩的问题得到了大家的重视。经过研讨，我们计划先从班级入手，由老师和奶奶沟通浩浩的表现与心理状况，说明奶奶对妈妈否定的言语对浩浩的心理健康产生的消极影响。与此同时，老师在班上对浩浩也会更加关注，经常鼓励他，给予他正面引导，以便让浩浩感受到老师的关爱。

可是，老师对他越好，浩浩对老师的依恋越深，常常放学后拉着老师，让老师和他一起回家，做他的"妈妈"。有一次，在浩浩的纠缠中，奶奶非常生气，说："你妈不要你了，老师也不是你妈，跟婆回家。"浩浩沮丧地离开了。

根据这种情况，我们协商由园领导出面，召开了留守幼儿家长会，并在会上念了一封父母的回信，播放了一段幼儿收到家书的视频，从而让家长了解亲子沟通的意义。会后，园领导专门和浩浩的奶奶进行了交谈，让奶奶意识到了对孩子母亲的负面评价会导致浩浩产生不良情绪，和同伴在一起时容易产生自卑的心理。

同时，为了让浩浩感受到来自更多人的关爱，支持园的小朋友特意把自己心爱的玩具和书籍与浩浩分享。浩浩收到礼物后特别开心，奶奶看到幼儿园的教师、领导以及社会如此关心和帮助浩浩，内心很受感动，也意识到自己将情绪发泄在浩浩身上的行为伤害了浩浩，表示愿意配合幼儿园，用正确的方式爱浩浩。

改变：情绪积极，交往热情

经过支持园和项目园的协商，经过家园的共同努力，过了大约半年的时间，我们看到浩浩身上发生了明显的变化。浩浩参与活动的积极性越来越高，每次都能认真思考、主动发言。在故事表演环节，浩浩常常承担组织者的角色，和同伴分工合作。

项目园的教师也反映，浩浩再也没有说过"我妈妈不要我了"。之前浩浩早上来园，总是躲在奶奶身后；现在浩浩看到园门口早接待的教师，会大声地向教师问好。浩浩在班上也乐于帮助他人，能和小朋友愉快地相处。

奶奶见到教师也非常热情，向教师反馈浩浩在家的表现，交流科学育儿的经验，夸浩浩比以前懂事多了。

幼儿的健康成长需要家庭、幼儿园以及社会的共同努力。父母和祖辈要用正确的态度对待幼儿，不能弃置不管，也不能过分溺爱。幼儿园的教师对幼儿既要关怀备至，又要规范要求，要定期组织家长会，向幼儿的抚养者传递科学的育儿知识，并指导和帮助家长关注幼儿积极的情感教育，共同让每个幼儿都获得阳光快乐的童年。

（陕西省西安市西安交通大学幼儿园　　吴雨洪　姜恕）

·为留守幼儿点亮"小橘灯"

两个画面特写一直在我脑海里交替出现：一个是黑夜里闪闪发光的小橘灯，另一个是带着怯怯的、呆呆的神情的小脸。这是 2017 年国庆节前夕我园组织教师和部分家长志愿者共同参与的留守幼儿关爱活动中的场景。

活动的初步设想是按照年龄段把幼儿分成几个小组，每天和一组幼儿谈心，了解幼儿的喜怒哀乐等情绪变化及原因，抱一抱幼儿，让每一个幼儿都能感受到即使父母不在身边，也有来自老师的关怀。"你今天快乐吗？""你今天遇到了哪些有趣的事情？""能和老师说说你的好朋友是谁吗？"……这些与留守幼儿交流沟通的话题已经成为常规性内容。

为了推动活动深入开展，让大家共同走进留守幼儿的家庭，走入留守幼儿的心里，我园由教师和家委会的部分家长志愿者共同组成了关爱小组。当时，我们和家委会成员一行 30 个人，带着自己的孩子，到童心寨项目园集体看望留守幼儿，借助小朋友生日现场进行一对一的结对活动。教师把蜡烛点起来，家长和幼儿一起唱生日歌。在欢快的歌声中，一个幼儿一动不动地盯着大蛋糕，脸上流露出怯怯的、呆呆的神情，好像这样的愉快氛围与他没有丝毫关系。他的异常表现引起了我的关注，询问后得知，这个孩子叫小多，在家是老二，妈妈生下他后不久就把他留给了爷爷奶奶，和爸爸一起到广东打工了。由于劳动强度大，空闲时间少，小多的爸爸妈妈半年或一年才回家一次，平时都是通过电话和家里联系，基本上是一星期才和孩子联系一次，谈话的内容也只是简单询问或嘱咐听爷爷奶奶的话，很少想到也不知道还需要关心小多的情绪及心理健康。爷爷奶奶在家还要种地养家，基本也只是照顾小多的吃喝，其他方面极少和小多沟通，更别说过生日了。小多对父母很陌生，亲情关系出现了问题。了解到这样的情形，我过去把小多抱在腿上，轻轻告诉他："乖，闭上眼睛，许个愿吧。"本以为他可能听不懂我的话，谁知小多真的闭上了眼睛，和别的幼儿一样，双手放在胸前。接下来家长和幼儿玩"老鹰捉小鸡"的游戏，小多一直围绕在我身边，紧紧抓着我的衣服；玩"吹泡泡"游戏时，他牢牢抓着我的手；自由活动时，我蹲下来和他一起坐在草地上，问他："告诉老师，你刚才许下了什么愿望?"小多几乎没有表情，下意识地在纸上画了一个橘子。他告诉我："妈妈回来过年时，在吃过的橘子里面放了一小段蜡烛给我做了一个小橘灯，我想长大后和妈妈在一起，也给她做一个。"一刹那，我的泪水夺眶而出，孩子啊，这其实是和你一样大的孩子本应该享受到的，4 岁是依偎在妈妈怀里撒娇淘气的年龄，可对于他，和妈妈在一起却成了一件奢侈的事情，成了自己的梦想。

教师和家长也看到了这一幕令人辛酸而刻骨铭心的场景，更加坚定了他们一对一结对的决心。于是他们每一家都和一个留守幼儿结对。结对后家长和孩子一起合影，一起讲故事，有的爸爸带着两个孩子捉迷藏。家长精心照顾留守幼儿，给他们擦鼻涕、系鞋带、提裤子。幼儿也手拉手，一起吃蛋糕、玩玩具、做游戏。家长留下了留守幼儿的家庭联系方式、班级教师电话，随时与幼儿沟通，了解他们在园的心理状况。

大班小涵的妈妈是位糕点师，与小多结对。她说："如果小涵、小多有玩伴一起玩，就能够学会与人合作了。以后做什么好吃的，我都会留一份给小多送过去。"当天回来，他们就跟小多的父母联系，征求小多父母的意见，准备双休日把小多带到自己家里来，和自己的孩子一起生活两天。

接下来的每个月月末，小涵的妈妈和部分家长主动联系我们去童心寨幼儿园和幼儿共同活动。到了那里，他们会和幼儿一起做游戏，一起分享绘本故事。当然，每一次他们都不会忘记给孩子们带去玩具、图书或者新衣服，还有他们爱吃的小零食等。

结对活动使留守幼儿改变了很多，因为幼儿的亲密交往，两家人也成了"亲戚"。他们经常通电话、发视频，共同商量孩子的教育问题。小多的爸爸来信说："爸爸明显能够感受到你的变化，以前你不愿意说话，很少和小朋友交流，但是现在回家你能告诉爸爸你在幼儿园有几个好朋友了，爸爸很高兴。"小多还向我展示了他妈妈回来时给他做的小橘灯，脸上洋溢着幸福，眼里充满了阳光和自信。

（河南省新密市市直第二幼儿园　　焦瑞霞）

·让爱的阳光照亮每一个幼儿的心

今天，作为支持园的教师，我和项目园教师组织幼儿开展"我爱爸爸"的教学活动。结束之后，我带幼儿去休息，一个穿黑色衣服的小姑娘坐在自己的位置上一动不动。我走过去问："宝贝，你怎么了?"小姑娘抬起头，默默地看了我一眼，什么都没有说。我又耐心地问道："你哪里不舒服吗？没关系，你可以告诉我。"小姑娘缓慢地吐出一句："俄想俄奶（四声，陕西话）。"起初，我并没有听明白，在喊来班级教师之后，我才明白小姑娘说的是"我想我奶"。疑惑不已的我看着教师，教师悄悄地跟我说："孩子的父母离婚了。"因为考虑到小姑娘的心情，我没有再跟教师聊天，而是一起和带班教师极力地安抚小姑娘的情绪，转移小姑娘的注意力。然而在之后的音乐游戏中，小姑娘的情绪依旧很低落。

事后，我向班级教师进行了详细的了解。原来这个小姑娘今年 3 岁 6 个月，是一个单亲家庭的孩子，妈妈在她刚出生不久就离开了，从来没有回家看过她，爸爸的职业是厨师，给学校做饭，大概一个月才能回家一次，每次回家只能在家待一天。小姑娘现由爷爷奶奶看管，爷爷奶奶都在家种地，小姑娘和爷爷奶奶的感情很深，因为和爷爷奶奶一起生活，在家很少讲普通话，所以在幼儿园也很少和小朋友交流。

了解到情况之后，我和班级教师制订了针对小姑娘的帮助计划。首先，我们进行家访，和爷爷奶奶以及孩子的爸爸沟通孩子在幼儿园的情况，并了解孩子在家里的状况，共同商量如何帮助孩子。我们告诉孩子爸爸孩子的情况之后，孩子爸爸难过地流下了眼泪，说自己对孩子有亏欠，因为生存需要，他不得不外出打工，努力赚钱养活整个家庭，所以才造成了孩子现在的状况，但自己一定会积极配合教师帮助孩子。于是我们提出爸爸每个星期都要通过电话或者视频和孩子联系，让孩子感觉到爸爸的爱。爸爸答应我们一定会做到。在之后的幼儿园生活里，我们也请班级教师尽可能地去关注孩子，尽可能地给她提供机会去和小朋友交往，让她感受小朋友之间的爱。在她生病的时候，教师带着全班小朋友的祝福去看望她，同时作为支持园的我们也尽可能地多去看望她，给她带去自己班级幼儿的画。经过半学期的努力，孩子主动地告诉爷爷奶奶自己喜欢上幼儿园了，也慢慢地开始主动和班级小朋友打招呼了。这些变化我们都看在眼里，喜在心里。

在"农村留守儿童项目"中，我们在每一个孩子的点滴变化中成长着、感动着、收获着。三年来，我们在不断的感动中坚定地前行，希望未来也一直能有温暖的阳光陪伴孩子们成长。

（陕西省西安市第五保育院　　雷颖）

第四章　共商共情，一路同行

·守望天空

有那么一群幼儿，每天都盼望着父母归来。

有那么一群幼儿，只能看着照片里父母慈祥的笑容。

有那么一群幼儿，生病时没有感受过父母的拥抱。

有那么一群幼儿，经常躲在被子里哭。

…………

我们第一次来到洛南县古城镇中心幼儿园，幼儿见到我们很高兴。一个幼儿走过来拉住我的手对我说："老师，我认识你，你是从西安来的老师。"一句简短的话语让我瞬间感觉心里暖暖的。虽然我跟这些幼儿只相处了短短一天的时间，但是他们给了我很大的触动。通过和古城镇中心幼儿园教师们的交流，我了解到了许多留守幼儿有不一样的家庭环境。我虽然听到某些情况会有些辛酸，但是也很开心，因为能够利用这次机会去认识、帮助这些可爱的"小花朵"，也很感谢他们陪我度过这有意义的一天。

最让我感动的是共读家书环节，四位教师带领部分留守幼儿一起阅读了爸爸妈妈的回信。听着教师轻轻读出父母的思念和爱意，幼儿的眼睛里泛着晶莹的泪花。此时此刻，他们内心深受感动，情至深处，一句句质朴的"爸爸妈妈我爱你""爸爸妈妈你们快回家吧"从幼儿口中流露出来。大班一个幼儿说道："我在家要听话，不让爸爸妈妈操心，以后还要把更多的本领分享给爸爸妈妈，爸爸妈妈你们在外边辛苦啦！"不难发现，留守幼儿的心思都这么细腻。他们年纪虽小，却能体察到父母的不易。

留守幼儿自小父母不在身边，因而比同龄人更懂得珍惜，更懂得感恩，也比同龄人多一些成熟与懂事。从他们的眼里我看到了坚强，读懂了他们内心其实还是无比想念父母的。今天和留守幼儿的相处让我收获了感动，更多了牵挂和责任。

欢乐的时光总是短暂的，今天的活动很快就结束了，我们都依依不舍地和他们告别。看着一张张真诚的笑脸和一双双清澈的眼睛，大家总觉得做得还不够多，要给幼儿更多关怀和爱护，我们今后会多来。

（陕西省西安市西安交通大学幼儿园　　张璇）

·我们和你在一起

留守幼儿对于我们来说是个陌生而又熟悉的词语，陌生在于我们在城市中很少见到，熟悉在于园所作为支持园与临潼区马额喜洋洋幼儿园携手开展了"农村留守儿童项目"，使我们近距离接触到了这样一个特殊的群体。

还记得我第一次接触的是中、大班的留守幼儿。为了活动的效果，我在园里反复试教，可是到了给留守幼儿上课时，一股莫名的心酸涌上心头。当我问他们："酷阿婆的魔法口袋里还会有什么？"他们都不回答。当时我就想可能幼儿对我这个新老师不熟悉，紧接着我引导了一下："会不会有飞机呢？"随后幼儿的回答令我沉默了很久。他们跟着我的提示回答的都是飞机。在活动后我了解到，他们的父母由于工作在外，很少带他们外出，一些新鲜的东西他们根本没有见过。我们和幼儿一起过了集体生日，给幼儿送了小礼物。幼儿回馈给我们浅浅的微笑，那个画面映刻在我心里很久很久。

我们作为支持园去关爱这些幼儿，这样的爱要更小心、更温柔。我不能想象没有父母的陪伴，这些孩子的内心会是什么样子。走到这里，我的声音都会变得轻柔，时不时地抱抱他们，给予他们一点爱。

"爸爸妈妈由于工作很少陪伴我们，但他们一直都爱我们，除了他们的爱，还有老师、朋友的爱。"我们在每一次的活动中都贯穿这样的思想。

2018年11月，我们又来到了项目园，这次接触的是小班的留守幼儿。当老师讲到爸爸时，一名幼儿哭了起来，不停地要妈妈。做游戏的时候，我戴上了大灰狼的头饰和幼儿一起玩"老狼，老狼几点了"，还是这个幼儿，立马哭了起来。我跑过去，扔掉了头饰，抱着那个幼儿，告诉他，"老狼"被我们大家赶跑了。事后我了解到这个幼儿是新入园的，更需要我们去关心和爱护。

两所幼儿园的教师为了共同的关爱携手一起，共同让留守幼儿从教师的言语、课程、行为中逐渐了解、感受父母的爱和身边许多人的爱，以绘本为依托，走进幼儿的内心，用特别的爱小心呵护他们。

未来的路任重道远，我们两所幼儿园要像一家人一样，两所幼儿园的教师都是这些留守幼儿的"爸爸妈妈"。

（陕西省西安市西航天鼎保育院　　肖丽娜）

·心手相牵，爱的抱抱

2015年5月的那天细雨霏霏，我们支持园的三位教师前往临潼区项目园开展帮扶送教交流活动。清晨，穿过那条宽阔的大道，看着车窗两旁的松柏齐刷刷地飞速划过，窗上的雨滴凝聚滑落，我们的内心忐忑不安，面对的会是什么样的幼儿呢？他们会喜欢我们带去的活动和礼物吗？

带着疑虑我们很快就来到了一处小院，两位负责人正在门口等着我们。简单的交谈后我们进入了一间教室，幼儿们正静静地等待着我们，好奇的眼神略显羞涩，给人的感觉是乖巧懂事。虽然授课教师有些紧张，但是明显看出她很用心地准备了不少活动材料。两个活动分别是项目园李老师组织的《拔萝卜》绘本教学活动和支持园夏老师组织的《魔法亲亲》绘本教学活动，引导幼儿感受人多力量大、遇到困难要互相帮助的道理，并体验快乐的感受，同时充分让幼儿感受妈妈对自己那种"暖暖的、软软的"关爱。最后的环节是请幼儿画出"爱的手势"，幼儿大都很开心地参与到活动中来。我留意到一名小女孩边擦眼泪边给妈妈画了一颗大大的爱心，其他教师也发现了这个女孩，忙走过去抱着她低声说了几句话来安抚她的情绪。我们还把活动用的那个大爱心抱枕送给了小女孩，看着小女孩怯怯地接过抱枕，摸了摸、抱了抱又还给教师，擦擦眼泪，紧紧地拿着自己画的那颗爱心坐到一边去的时候，我的心突然就疼了起来。后来跟教师交谈我才知道，她妈妈昨天又离开家回到了打工的地方，这让我们几位教师感慨了许久：乡村的孩子可能没有整洁的外表，缺少自信，对陌生事物有意识地抗拒，过早地懂事，但是他们淳朴、单纯、易满足，这点在接下来的情景中特别触动我们。

我们带去的不仅有帮扶支教，还有西航天鼎保育院的幼儿专门为这里的幼儿精心制作的小礼物，每个礼物上都贴着幼儿写下的美好祝福，一份份礼物就是一个个爱的抱抱，一个个魔法亲亲。当把礼物送到幼儿的手中，为他们念上面写的祝福语时，我们看到了幼儿腼腆的笑容，眼神里闪烁着幸福的光芒，乖巧的模样惹人怜爱。快乐的笑容洋溢在每个幼儿的脸上，我们的心里也是暖暖的、软软的。

天气乍暖还寒，下雨更显得阴冷潮湿，但这间教室内暖意融融。让我们真真切切地走进留守幼儿，给留守幼儿的童年更多的关爱。我们细微的一小步可能带来的变化就是一大步，我想用我们微薄的力量，让更多的留守幼儿得到爱与保护。衷心祝愿那些留守幼儿健康成长，幸福生活，飞得更高、更远。

（陕西省西安市西航天鼎保育院　　张铮）

第三篇
园所行动：深度关爱，春风化雨

留守幼儿亲情缺失，向他们提供早期的支持和帮助尤为重要。"农村留守儿童项目"着力在家庭和幼儿园两个方面，进行深入细致的情感和社会性支持行动，尽可能有针对性地帮助留守幼儿，使全方位、多层面的活动和一对一的理解与支持发挥组合作用，助力留守幼儿获得快乐、自信和成功的体验，从而获得快乐的童年。

农村留守幼儿集中的幼儿园是我们的项目园，也是项目工作重要的基本单位，关爱和支持留守幼儿的所有活动都通过项目园得以落实到每个留守幼儿的身上。因此，项目更需要这些农村幼儿园园长和教师有爱心、责任心和奉献精神。在过去多年的留守幼儿关爱支持工作中，幼儿园园长和教师克服了很多问题和困难，也积累了丰富的经验。

第一是给予留守幼儿情感支持。对于留守幼儿来说，亲情缺失是面临的最大问题。理论研究和实践经验已经证明，亲情缺失会给幼儿的发展带来多方面的负面影响，而且，这种负面影响会持续到成年期。因此，项目园的首要任务是给予留守幼儿情感支持。一方面，在幼儿园生活中，教师要多关心、爱护、陪伴留守幼儿，让留守幼儿感受到来自教师的满满的爱。同时，教师还要鼓励幼儿相互关心和爱护，与同伴建立良好关系。另一方面，教师要支持和帮助留守幼儿的家庭照料者提高情感支持意识，懂得尊重和满足幼儿的情感需求，克服各种困难，增进幼儿和父母之间的感情。

第二是帮助留守幼儿建立自信。自信是个人心理健康的重要标志之一，也是个人取得成功必备的心理特质。自信指个人能够积极评价自己，是一种有能力完成任务或解决问题的信念。有人把自信比作走向成功的伴侣，战胜困难的利剑。自信的幼儿可以大胆积极地参加各种活动，主动与同伴交往，在困难面前不畏惧、不退缩，敢于接受挑战，适应能力强，更容易战胜挫折、获得成功。对于留守幼儿来说，爸爸妈妈不在家，不能来参加幼儿园的活动，这本身就成为他们不自信甚至自卑的根源。因此，教师在各种活动中，要特别注意保护留守幼儿的隐私，尊重他们的个人意愿，给他们展示自己能力的机会，扬长避短，帮助每一个留守幼儿在强项的基础上建立自信，让他们尽可能多地获得成功的体验。教师还要在幼儿园日常活动中善于观察留守幼儿，多留心留守幼儿的表现，善于发现他们的闪光点和点滴进步，多表扬鼓励，及时肯定，从而帮助留守幼儿树立自信。

第三是给予留守幼儿个性化、差异性的支持。幼儿阶段的个性差异已经十分明显，在各个方面表现出的个体差异也特别大，因此，尊重幼儿的个体差异，实施个别化教育尤为重要，这是由幼儿的年龄特点决定的。实践经验表明，留守幼儿在具有普遍的年龄特点的基础上，更需要教师因材施教，因为他们比一般幼儿更敏感，有更强烈的情感需求，更需要他人体贴入微。

第四是家园协同助力留守幼儿培养亲子情感。幼儿和父母的情感在其成长中最为重要且持久。在幼儿时期建立稳定、亲密的亲子关系有利于幼儿身心健康发展。留守幼儿和父母长期分离，亲子关系往往会出现不同类型和不同程度的问题。家庭和幼儿园要共同努力，给予留守幼儿有力的支持。经常性的沟通和联系，相互之间的情感表达十分重要。项目园教师不仅直接帮助留守幼儿和父母联系，还引导家庭照料者树立正确的观念，帮助留守幼儿和父母之间建立积极的情感关系。

令人欣慰的是，尽管项目关联的主要目标群体是双亲外出打工的留守幼儿，但项目园的老师们受到项目的影响和启发而更加关注幼儿的情感需要和内心需求，那些因种种复杂原因而缺少亲情关爱的幼儿都得到了幼儿园和老师们的特别关爱与支持。妈妈去世爸爸又外出打工的小星和媛媛，父母离异爸爸又不在身边的乐乐、妞妞、小敏和希希，他们的生活类似于留守幼儿甚至还不如。还有妈妈长期在身边的小伟、小佳等，这些幼儿都成了老师们的牵挂，得到了更多的关爱和支持。

本篇所呈现的只是诸多教育实践的一隅，体现了留守幼儿项目园的本土化、园本化探索和努力，其中难免有不足之处，需要我们怀揣爱心，不断摸索，努力前行。

第一章　情感支持当为先

·你给她关爱，她送你惊喜

馨馨是一个瘦小的小女孩，有一双圆圆的大眼睛，但眼神常常显得茫然。她很少主动和别人交流，也不愿参加班级活动，上课从不举手回答问题，常常一个人坐在椅子上发呆。这是馨馨转到班上之初给我的印象。

在绘本《我妈妈》活动中，有一个对妈妈说一句心里话的环节，有的说："妈妈，我爱你。"有的说："妈妈，我长大了要带你出去玩。"有的说："妈妈，谢谢你。"……馨馨一直没有说话。户外活动时，馨馨抱着一个皮球，静静地坐在一角。我问："馨馨，为什么不和小朋友一起拍球呢？"馨馨好像没听见我的话，看着球一句话也不说。我俯下身子，轻轻摸摸她的头再次问道："馨馨，有什么事可以告诉老师，老师会帮馨馨的，好吗？"馨馨眼睛一亮，说："老师，我想妈妈了……"说完，又低下了头。我心疼地将馨馨抱在怀里，安慰她："馨馨，晚上我们给妈妈打电话，告诉妈妈馨馨想她了，好不好？""可是，妈妈在炒菜，没有时间。"听了馨馨的话，我的眼睛湿润了。

放学时，我和馨馨的奶奶进行了沟通。奶奶告诉我，孩子的父母在潮汕开了一家餐馆，每天都很忙，没有时间照顾馨馨，所以将馨馨送了回来。馨馨常常哭着说想妈妈，打电话也常常没人接，等他们打电话过来，馨馨已经睡下了。当天晚上，我通过 QQ 留言，把白天发生的事情告诉了馨馨妈妈，说馨馨很想她，希望她能够多给孩子打打电话，有空也要多回家陪陪孩子。馨馨妈妈说："老师，以后我一定注意，多和孩子说说话，有空常回来看看她。"看到家长的消息，我打电话过去，和馨馨妈妈聊了许久，建议她每天固定一个时间给馨馨打电话，听馨馨说说幼儿园和家里的趣事。

作为教师，我也决定给予馨馨更多的关爱，创造馨馨和伙伴们交流的机会。同馨馨一张桌子的鹏鹏十分开朗大方，富有感染力。我就试着让鹏鹏做馨馨的"好伙伴"，让孩子影响孩子。

一次区域活动，馨馨又独自静静地坐在旁边。表演区的鹏鹏大声问道："谁要来当猪老三？"（三只小猪的故事表演）我叫住鹏鹏："你能不能邀请馨馨来参加活动呢？"鹏鹏听了马上跑到馨馨身边，热情地邀请馨馨。可是馨馨并不愿意加入活动。我来到馨馨身边，柔声问道："馨馨，小朋友们很希望你去帮帮他们，你愿意吗？"说完，我拉着馨馨走到表演区。可是，馨馨显得十分胆怯。我决定慢慢引导，帮馨馨树立和同伴交往的信心。我说："这样，老师先让别的小朋友当猪老三，你帮帮老师，给他们放音乐，好吗？"（音乐是提前录好的）馨馨抬起头，认真地点点头。活动开始了，我发现馨馨很尽职地在帮表演区的幼儿配乐，并且还和着伴奏，跟幼儿一起唱歌。

户外活动开始了，幼儿围坐成一个大圈，开始了"丢手绢"的游戏。几圈后，手绢正巧丢到了馨馨的身后，有幼儿提醒馨馨："快点快点。"馨馨意识到后，连忙转身去追前面丢手绢的那个幼儿，可是没有追到。幼儿一起喊："馨馨，表演节目。"馨馨满脸通红，紧紧抓着衣角，就是不说话。见状，我赶忙上前，说："孩子们，谁愿意和馨馨一起表演节目？"鹏鹏大声地说："我愿意，我愿意。"他们俩先小声商量表演什么节目，然后一起唱了《三只小猪》。虽然表演时馨馨声音不大，但是她能站在小伙伴面前表现自己，已经是很大的进步了。见此情景，我特别欣慰。

慢慢地，馨馨和鹏鹏相处得越来越融洽。在鹏鹏的带动下，馨馨开始愿意和小伙伴交谈了；户外活动时，能更快地融入群体；区域活动时，也会到自己喜欢的区角。更让我们感到欣喜的是有时候上课她也敢举手回答问题了。馨馨的奶奶告诉我们，馨馨在家里也愿意和她讲在幼儿园发生的事情了。

一天早上，馨馨牵着妈妈的手一蹦一跳地来到幼儿园。她开心地说："今天是我妈妈送我来的。"馨馨妈妈走过来轻声说："老师，上次收到你的信息，我很自责，觉得对孩子的关心太少了，所以这次趁餐馆不是很忙，想接馨馨去我那里玩几天。"我很欣慰地答应了。

过了一周，馨馨回来了。她高兴地对我说："老师，妈妈和爸爸带我去了动物园，里面有好多动物，我看见了长颈鹿、老虎，还吃了好多好吃的，我最爱吃妈妈做的番茄炒蛋，每次我都可以吃两大碗米饭。"看着她神采飞扬的样子，听着她和我分享去父母身边的趣事，我心里别提多高兴了。

幼儿就像田野里的小苗，有了阳光的照耀、雨露的滋润，才能苗壮成长；有了爱的浸润、温馨的陪伴，才更有灵性和朝气。在他们成长的道路上，给他们一份微不足道的关爱吧，他们会带给我们大大的惊喜。

（重庆市江津区油溪幼儿园　　郑倮）

·阳光洒心间，真爱促成长

新学期开学了，一位衣衫褴褛的老奶奶带着孙子来到了幼儿园，他就是小二班的小星。小星穿了一件红色的短袖。乍眼一看，我以为是个小女孩，仔细一瞧，才发现是个小男孩。

当奶奶准备离开时，小星拉着奶奶的手不愿松开，使劲哭闹。我费了好大的劲才把小星哄回教室。但是我发现小星不愿抬头，不同旁边的小伙伴交流，更不和老师交流，只是一个人坐在位置上一动不动。一周过去了，他还是这个样子。小星的表现引起了我的关注，我决定进行家访。

第二天放学后，我来到了小星的家中，映入眼帘的是破旧房子，家里非常简陋。奶奶把我迎进家里，告诉我："我这个孙子很可怜，在他出生的时候，妈妈就去世了，当时花光了家里的积蓄，还欠下了债。小星还有一个姐姐，现在读中学，家里很贫寒，小星穿的衣服都是姐姐小时候穿的。希望老师能多照顾一下小星。"听到这里，我的眼睛湿润了，心里有说不出的滋味，小星是一个特别需要我关爱的孩子。

接下来的时间，我认真观察了小星，发现他总是不愿意与别人打招呼。于是每天来到幼儿园，我主动和他打招呼，他总是用木讷的眼神望着我，然后慢慢地走进教室。我想针对小星"打招呼难"的问题下功夫，决定为他创造沟通交流的机会，让他先试着和小朋友沟通交流，体验与人交往的乐趣。于是我就带着小星来到操场，和同伴一起玩"丢手绢"的游戏。30个幼儿围成一个大圆圈，我向幼儿讲清楚规则，提醒幼儿注意安全，幼儿便开始了游戏。活动中，我观察到小星对活动其实还是感兴趣的，就是不愿意唱儿歌。于是我就蹲在小星的旁边，拉着他的手，大声地唱起了："丢，丢，丢手绢，轻轻……"他望了望我，我给了他一个鼓励的眼神，他开始小声地和我一起唱了起来。第二轮游戏开始了，我来丢手绢。我故意把手绢丢在了他的后面。他开始一愣，我说："你快来追我呀！"他才拿起手绢跑起来。我邀请小朋友和我一起喊："小星加油，小星加油。"终于，我被他"抓"住了，小星脸上露出了微笑。第二天，小星来上学的时候，那双纤细的小手拉我的衣角，主动和我打了招呼，我心里感到无比欣慰，小星终于迈出了第一步。在这次活动中，我积极给小星创造机会，给他更多鼓励，让他与大家一同游戏，感受教师给予他的关爱，感受和同伴一起游戏的快乐。

又过了一个星期，一天，幼儿都在排队上厕所，我发现只有小星趴在桌子上哭，就走到他身边摸摸他的头问他为什么哭，他不仅一句话不说，反而越哭越厉害。我问他怎么了，他也不说话。看到这种情况，我心里对他多了份担心。放学后，我又一次来到他家，礼貌地问奶奶："今天孩子的表现很反常，是不是家里发生了什么事情了呀？"奶奶眼里含着泪花，摇摇头说："哎！他爸爸开车出事故了。"听到这个消息，我顿感错愕，轻轻地对奶奶说："不好意思，我不知道家里发生了这么大的事情，今天小星突然大哭，所以就想了解一下发生了什么事情。"我再也说不出话来。奶奶低下头抹了抹眼泪说："他妈妈在他出生的时候去世了，我们一直都没有告诉他，只告诉他妈妈在外面打工挣钱，等他长大了妈妈就回来了。家里的一切只能靠他爸爸，现在爸爸也出事了。"走在回家的路上，我心乱如麻，面对现在的情况，我真的不知道该如何帮助小星，他真的好可怜！

接下来的几天，早上入园时，小星情绪还是很低落，我想小星一定是想爸爸了。我与其他教师约定，平时要多亲近他，如摸摸他的头，拉拉他的手，对他多微笑，单独与他拉家常，经常拥抱他、表扬他等。通过我们的共同努力，小星开始慢慢地喜欢上我们了。为了帮助小星健康成长，我们商量要帮助他建立"朋友圈"。又到了每周的大游戏活动时间，我向幼儿讲清楚游戏规则并提醒安全事项后，幼儿就积极参与到了活动中。小星选择了踩高跷。对于小班的幼儿来说，这确实有难度，于是我找了一个班上踩高跷踩得很好的幼儿和他一起玩。开始时小星总是不成功，玩了很多次慢慢就会了。平时小星不怎么爱表现自己，这个时候，我灵机一动，既然小星平时害怕在大众面前表现自己，没有信心，今天这么好的机会为何不好好利用呢？于是我和张老师一商量，叫了几个幼儿和他一起玩。玩了一会儿，我说："小朋友，我们来进行一次比赛，怎么样？我们看看谁最先踩着高跷到达 10 米外的位置。"幼儿高兴极了。我安排小川和小星站在一起，其他几个幼儿排成了一排，叫来了剩下的幼儿给他们加油。渐渐地小星融入了游戏，高跷越踩越好，脸上的笑容也越来越灿烂。从那以后，小川把小星带进了自己的"朋友圈"，让更多的幼儿和他成为朋友，和他一起玩耍。

我们应想办法给予留守幼儿和亲情缺失幼儿更多的爱，通过多种方式让他们感受到更多的关怀。我们只要用心观察，认真反思，积极引导，就一定能够带来变化。

（重庆市合川区双凤镇中心幼儿园　　严小娟）

·用心守护，静待花开

每一朵花都会绽放，或早或晚。

小班上学期开学一段时间后，幼儿渐渐适应了幼儿园生活。每天入园时，我总能看到他们开心的笑脸，听到他们稚嫩的问候声。可是有一个女孩儿，每天总是跟在奶奶身后，拉着奶奶的衣角走进教室，紧闭着嘴，把头埋得低低的。教学活动中，我满含期待地望着她，她总是把眼睛躲开，不回应。户外游戏时，她总是一个人默默地坐着，我去叫她，她要么不搭理我，要么使劲摇头。起初，我以为她怕我，于是我每次都微笑着和她说话，可她还是这样。为什么我在她的脸上看不到孩子纯真的笑呢？

从和奶奶的交谈中我得知这是一个可怜的孩子。孩子名叫媛媛，曾经和爸爸妈妈、姐姐幸福地生活在一起，可在她两岁的时候，妈妈突然检查出肺癌，这个噩耗犹如晴天霹雳，让这个四口之家顿时笼罩上了一层阴云。爸爸带着生病的妈妈四处求医，家里所有的积蓄都被花光了，两姐妹也被送到了乡下爷爷奶奶家，但还是没能挽留住身患重病的妈妈。就在开学不久，妈妈撒手人寰了。爸爸为了撑起这个家，只能外出打工。媛媛不仅失去了母爱，连父亲也很难见到。因为不适应和父母分离，她总是哭闹，加上爷爷脾气暴躁，有时候会大声斥责，甚至打骂她。渐渐地，媛媛变得孤僻沉默了。

如何帮助这个失去母爱的幼儿走出阴影，让她露出笑脸呢？我们积极思考着、行动着。

一天放学后，我们走进了媛媛家。爷爷奶奶老泪纵横的脸上写满了亲人离世带来的忧伤。奶奶的讲述让我们感受到他们其实是爱孩子的，因为家里遭受这样的不幸，有时候心情糟糕，难免会脾气暴躁一些。经过这次家访，爷爷奶奶意识到失去母亲的媛媛需要更多的关爱，对媛媛也多了一些耐心。

每天，我都会利用媛媛入园的时间主动抱抱她，和她聊聊天。虽然有时她一句话也不说，但我依然每天坚持。一段时间后，她会在奶奶的引导下说"老师好"，虽然声音很小，虽然只是躲在奶奶身后怯怯一笑，但是能见到她久违的笑脸，我很高兴。

每次区角活动时，我发现媛媛总喜欢到美工区拿画笔，于是我给她看漂亮的图片，陪着她画，还带着她做手工，并在全班表扬她完成的作品。一天，当幼儿都为她鼓掌时，我看到她瘦瘦的小脸上终于露出了羞涩的笑容。

每周我都会带着媛媛与爸爸视频，让媛媛体会父爱的温暖。起初，媛媛面对手机里的爸爸只是哭，我一句一句地教她怎样和爸爸说话。慢慢地，她会和爸爸问好了，甚至能表达自己的想法了："爸爸，我想你了。""爸爸，你看，这是我画的画。"每次都让爸爸激动不已，热泪盈眶。

每次班级亲子活动，我都会邀请媛媛的爷爷奶奶参加，以在活动中增进媛媛和爷爷奶奶的感情。在集体生日时，媛媛还主动和奶奶抱抱，并说"奶奶，我爱你!"看着这对饱受磨难的祖孙温暖地相拥，在场的教师无不为之动容。

通过一次次的活动，媛媛渐渐地有了自信，也感受到了幼儿园生活的快乐，笑容越来越多了。一次，我们玩"找朋友"的音乐游戏时，她居然主动走到我身边来，抱住了我的腿。我知道，她把我当成了她的好朋友。我一边拉着她的手一边唱着"你是我的好朋友"。此时媛媛的脸已笑成了一朵花。

"随风潜入夜，润物细无声。"教育是一个漫长的过程，我坚信只要用心守护，用爱滋润，每一朵花都会悄然绽放。

（重庆市江津区油溪幼儿园　　杨　敏）

·爱，是陪伴

提起留守幼儿，你首先想到的或许是生活在农村，父母为了生计外出打工的幼儿。其实还有这么一些幼儿，他们的父母在一线城市或国外工作，把他们留给了生活在二、三线城市的老人。他们是生活在城市的留守幼儿。他们或许衣食无忧，没有经济压力，但是同样缺少最重要的东西——爱的陪伴。他们也有自己的烦恼，也有情感的需求，当然也有各种各样的问题，城市留守幼儿的问题同样需要被重视。

金金就是一个城市留守幼儿。2015年，在我刚到大一班的时候，金金让我印象深刻，她怯生生地躲在王老师身后，偷偷露出小脑袋。王老师往前走一步，她便拽着王老师的衣服往前走一步。我跟王老师说："这个小姑娘好喜欢你呀。"王老师开玩笑说："这是我闺女呀。"后来我了解到，金金是真的喊王老师"妈妈"。金金的父母都在迪拜工作，她跟着年迈的奶奶在邢台生活，一年到头可能也见不上父母一面。班上经常会有邀请幼儿父母参与的活动，别的幼儿一般都有父母陪伴，金金却一直由奶奶陪着。奶奶岁数大了，腿脚不方便，好多亲子体育活动都由王老师带着金金一起完成，有困难的时候王老师总会帮助她解决，在幼儿跑着找妈妈的时候，金金会自豪地说："王老师就是我妈妈。"从这可以看出金金是个幸运的孩子，她遇到了一位疼爱她的幼儿园老师。这份爱虽然无法完全弥补金金缺失的亲情，但至少给了金金慰藉。

孩子需要的是爱的陪伴，这份爱的陪伴是再多的礼物也无法替代的。有一次金金的父母从国外回来，早上爸爸和奶奶一起送金金到幼儿园，她开开心心地跟我们介绍这是她的爸爸，这是两年多来她的爸爸第一次送她。但是下午她爸爸自己一个人来接金金的时候，金金却死活不跟爸爸回家，大哭起来，宁愿跟老师回家也不跟爸爸回家。最后还是奶奶带走了金金。我看到金金爸爸红了眼眶。缺少陪伴，爸爸对于金金来说仿佛一个陌生的叔叔，我想没有比这更让父母心酸的了。为人父母不要让忙碌成为自己忽视孩子的借口，否则那将是无法弥补的遗憾。

"鸟有一个巢，人有一个家。"对于孩子来说，家是亲情的港湾，是内心的安全感。身为父母，错失孩子的成长时光是最大的遗憾，爱孩子，请给予他一个充满爱的家。身为教师，如果身边有这样的留守幼儿，请不要吝啬去爱他们、关心他们，请经常抱一抱他们。或许我们的爱很微薄，但我们的爱可能是照进他们内心的一缕阳光。愿每一个孩子都能健康成长。

（河北省邢台市第四幼儿园　　李芳霞）

·爱之成长三部曲

每到周日，我睁开眼的第一件事就是打开微信，看你的信息："姚老师，我想你了！"然后我回复你："我也想你了！明天我们就在一起了！"你马上开开心心地送我一朵花，我无比满足地回复你三颗心。你是我最挂心的那个孩子，是我最大的骄傲。

爱的初体验

我想到了你我刚见面的一幕。你拉着奶奶的手往活动室里冲，小眼睛新奇地打量着教室里的一桌一物。我主动与你问好，你看也不看我一眼，被玩具箱里的积木吸引。奶奶认为你这样没有礼貌，拽着你的小手要你与我问好，可你拼命挣脱奶奶的手，急得都快哭了。我从奶奶手里接过你的手问："小灏，我带你玩积木好吗？"你这才正眼看我一下，点点头，而转眼你就脱离了我的手飞奔到积木旁，心满意足地一边玩一边对着我笑。后来，你开始了自己独立的幼儿园生活。奶奶走后，你就一个人玩积木，玩烦了，看到四周没有奶奶便开始哭泣。我将你搂在怀里安慰道："幼儿园是你的另外一个家，我就是你幼儿园里的妈妈。"当听到"妈妈"两个字的时候，你情绪更加激动，往活动室外面跑，嘴里叫嚷着："我要妈妈！"我知道我的话太唐突了。

为了进一步了解你，我和你的奶奶进行了沟通。你的奶奶听了我对你情况的陈述，长叹了一声，红着眼圈跟我说："姚老师，不瞒你说，这个孩子的父母在外挣钱养家，很忙很忙，一个星期都不回家一趟，小灏是我一手带大的。可是我这几年处在更年期，控制不住脾气，只要小灏犯了错误，不听话，我就打他，于是造成了他现在这个样子。我现在也很自责，只能拜托你们好好教育他了。"听着小灏奶奶的述说，我的心像被刀割一样地疼。我愿意用自己的爱与耐心让你感受世界的温暖，于是我多了一个"跟屁虫"。

宝宝树（Babytree）

要问幼儿园的活动你最喜欢哪一个，对，就是户外游戏 Babytree。你非常喜欢这首歌，随时随地，只要歌声响起，你就会快速地站好，嘴里唱着歌，手里比画着动作。你眼里流露出来的向往让我心疼。我开始陪着你给爸爸妈妈写信，告诉他们你有多想、多爱他们。我也给你读爸爸妈妈寄来的信，你哭着告诉我你要妈妈。我安慰你："爸爸妈妈很爱你，当你会做手工的时候，爸爸妈妈就回来了。"于是你开始尝试做手工，虽然你做得七扭八歪，但是很认真。我把你做手工时的照片发给妈妈，妈妈看到你的表现就会给你发来一个大大的赞，于是你更起劲儿地在美工区做了起来。我会带你参加"星语心愿"活动。你不愿意上课，坐不住，注意力不集中。于是，我会把《抱抱》《魔法亲亲》《我妈妈》等一系列绘本故事再读给你听一遍，并告诉你妈妈最喜欢会上课、爱看书的孩子。你安静了下来。再上课时，你的小眼睛看我的时候越来越多，小屁股离开小椅子的时间越来越短。再后来你收到妈妈给你买的图书，搂着我说："妈妈给我的。"你又拿着奶奶的手机，骄傲地炫耀妈妈给你讲的睡前故事。我笑了，因为我的小灏越来越喜欢上幼儿园了，喜欢阅读了。我还会带你参加生日会，这次你的妈妈没有回来，但你还是很开心，腻在奶奶怀里不出来，悄悄地告诉我："姚老师，我喜欢奶奶，我也喜欢你。"这时的你就像一棵 Babytree，在幼儿园和家庭的滋养下苗壮成长。

三条鱼

记得有一次我布置了制作风车的亲子作业，幼儿都兴高采烈地拿来和爸爸妈妈一起制作的风车，跟老师、同伴炫耀。可是你没有风车。你坐在小椅子上，眼巴巴地望着别人，后来你忍不住拿了小宇的风车。小宇从你手里拿回风车后，你委屈坏了，扑到我怀里哭着说："我没有，我没有……"我拉起伤心的你来到小宇身旁，教给你如何正确和同伴交往。我告诉你："如果你想玩别人的玩具，你要对他说'我可以和你一起玩吗'，如果对方不愿意，你就要再等一等；如果对方同意了，你再玩。可以吗?"你似懂非懂地点点头，我鼓励你试一试。当你用我教的方法得到风车和朋友的时候，你开心极了。我鼓励你以后就用这种方法和同伴相处。后来，我听到小朋友给你告状的声音越来越少，我看到你会主动往人群里扎。你脸上的笑容变多了，身边的朋友也变多了，而我却孤独了，因为我少了一个"跟屁虫"。"风车"事件之后，我和你的妈妈进行了视频沟通。你的妈妈很自责，答应你这周日就回来和你一起做风车。当我把你向小宇借风车的视频和你爱不释手地搂着自己的风车不参加活动，甚至睡觉都把风车放在枕头边的视频发给你的妈妈的时候，你的妈妈忍不住掉下了眼泪。一个周日的早上，我打开手机后，看到你发给我的第一条微信"姚老师，我想你"。就是从这一天开始，你的妈妈放弃了外地的工作回家了，她要陪着你慢慢长大。

还记得《小金鱼逃走了》的绘本故事吗？你终于像小金鱼一样找到了亲人与朋友，我好开心。当我们一起伴着《三条鱼》的歌曲翩翩起舞时，你一手拉着妈妈，一手拉我，说："我们三个就是三条鱼，永远都不分开。"

"姚老师，我不想放暑假。我想你了怎么办？"妈妈看着我怀里的你对我说："小灏天天念叨不想放假，一天见不到您就想，在小灏心里您比我重要，谢谢您这么爱孩子。"我亲了亲你，说："对他好是我的本分，谁让我爱他呢！小灏，放了假我们可以微信联络呦。"你似乎明白了什么，说："嗯，我给你发花花，姚老师最喜欢我的花花。"于是，我每天都幸福地收到你的"鲜花"与问候。

（河北省高碑店市第二幼儿园　　姚华）

·我用真心换真情

曾经，有人将教育之爱比作池塘之水，没有水不能被称为池塘，没有爱不能被称为教育。教育的真谛在于爱，用爱去点燃心灵的火花，用爱去呼唤美好的憧憬，用爱去塑造稚嫩的心灵，用爱去唤醒爱，用爱去赢得爱。

日常生活交往中，常常会有一些让我感动、让我深思、让我难以忘怀的幼儿。此刻，我拉开记忆的阀门，一个个感动的画面跃出了我的脑海。

小宇是一个留守幼儿，爸爸妈妈常年不在家，从还是一个嗷嗷待哺的婴儿时就由年迈的奶奶抚养。上学前的日子里，他每天的活动范围就是二楼那间窄窄的屋子，致使他在行动、语言、智力方面发展得要比别的幼儿迟缓。记得他刚来上学那会儿，来园时，看到他凌乱的衣角，我会帮助他整理衣服；走楼梯时，摇摇晃晃的，我会上前拉起他的小手一步一步往前走；上课时，他爱左看右看，我会上前摸摸他的脑袋，提醒要专心听课……

小宇不善言语，在陌生的环境中不爱表达自己内心的想法。在一次活动中，小宇着急上厕所，可是又不敢说出口，结果把大便拉在了裤子里。当幼儿捂着鼻子说臭的时候，我感到不对劲，问谁谁也不说。我突然发现小宇脸上有不好意思的神情，于是牵着他的小手来到了卫生间，帮他收拾干净。在帮他穿裤子时我让他把手搭在我的肩膀上，可小宇的头一直低着，就像是犯了大错似的。我蹲下身，亲切地和他说："别怕，孩子，老师不怪你，有什么事和老师说，我会帮助你。"

长久的相处，让他体会到了温暖。当我开玩笑地问他叫我什么时，他却叫了声"妈妈"。那时那刻，还没有做妈妈的我，内心无比感动，我的付出得到了回报，我用真心换到了真情。我也赶紧回应道："孩子，老师妈妈永远爱你，永远保护你。"

留守幼儿的情感波动较大，对周围事物较为敏感，需要更多的关心、理解和尊重。由于父母不在身边，他们更容易被宠坏，更容易形成不好的习惯，也更容易在自尊心上受到伤害。作为教师，我们应当采取措施使留守幼儿经常保持乐观、稳定、愉快的情绪，使他们获得爱的激励，用真心对待每一个幼儿，用亲切温柔的话语与幼儿对话，用心听幼儿诉说，通过抱抱、搂搂、拉拉小手等动作来亲近幼儿，给予幼儿温暖、安全的感觉，使他们感觉到老师像妈妈一样爱他们，并引发大家对留守幼儿的关心和帮助。

（江苏省南京市溧水区洪蓝街道中心幼儿园　　喻林）

·走进孩子的世界

我园地处荥阳市南部山区，有的父母在孩子很小的时候就外出工作了。因为工作的关系，他们和孩子接触时间很少，只是偶尔陪伴。孩子整天在爷爷奶奶或者姥姥姥爷身边。缺失了父母的陪伴和教育，很多孩子不会、不敢去表达。

开学已经一个多月了，小班的一日生活已经慢慢步入正轨。孩子们也从开始的哭闹着找妈妈到爱笑了、爱玩了，喜欢在各种场合追着跑。孩子的天性就是如此。我们三位教师看着已经适应幼儿园生活的孩子，都感到很欣慰。

有一个孩子总是默默坐在一个角落里，如果你不去叫他，就好像班上没有这个人一样。他叫小洋，是个腼腆的小男孩，个子不高，收拾得很干净。

和其他孩子不同的是，他总是眉头紧锁，没有一点笑意。都是天真烂漫的年纪，其他小朋友已经找到了自己在幼儿园玩耍的方式，他好像总是闷闷不乐，一副有心事的样子。我开始接近他，没事就和他聊天。

经过了解，原来他的爸爸妈妈常年在外面工作，他还有一个哥哥，他们俩由爷爷奶奶照顾。但是我听说他哥哥非常活泼开朗，小时候是由他的妈妈带的。可能是有了他以后，经济压力大了，妈妈也在外边找了工作，没有时间照顾他们了。我讲笑话给孩子们听，他也没有什么表情，问他为什么不开心，他也不说话，我经常拉着他的手问他妈妈回来了没有，他说最喜欢的事情就是妈妈搂着他睡觉，听着就让人鼻子发酸。

看着这个孤单的孩子，我们班上的三位教师就专门为他制订了一个计划：每天他一到幼儿园，就给他一个大大的拥抱，告诉他我们都在等他；在他自己一个人发呆时，叫上其他幼儿一起拉他玩游戏；集体教育活动时，经常叫到他的名字，鼓励他勇于表达；放学后，把他交到奶奶手里时笑着跟他挥手再见；他表现积极的时候，就给他贴上小红花，告诉他他是最棒的；看见他遇到困难不知所措时，抱抱他、安慰他，告诉他不用怕，不管遇到任何事情，都有我们在他身后；鼓励他在家里多跟爷爷奶奶沟通，多给爸爸妈妈打电话表达爱和思念。

几个月后，小洋爱笑了，会和其他小伙伴一起快乐地玩游戏了，学习也非常积极主动。他很聪明，学的内容很快就记住了。上课点到他的名字时，他再也不像以前那样不出声了。他越来越自信，越来越活泼，还交到了很多好朋友。在2017年12月份的生日会后，我带领孩子们做游戏时，小洋的脸上露出了开心的笑容。我及时联系了他的爸爸妈妈，告诉他们小洋的变化和对他们的思念，希望他们能够多回家看看小洋。

我们小班教研组在课题组教师的带领下，根据这部分幼儿的情况为其制定了成长方案，使这部分缺乏父母陪伴的幼儿更加快乐，让他们在爱的滋润下成长。

（河南省荥阳市崔庙幼儿园　　刘佳）

第二章　扬长避短建自信

·花儿在等待中盛开

　　我园地处城乡接合部，是一所乡镇中心幼儿园。我班有一个名叫乐乐的小男孩，不爱说话，喜欢一个人坐在椅子上，不和其他幼儿玩，也不愿意与老师交流。有时老师叫到他的名字或请他回答问题时，他都会"呜呜"地哭。

　　为了让他融入班集体，我特别地关注他。利用课余时间向家长了解了情况后，我才得知乐乐的父母离异了，爸爸外出打工，他由爷爷奶奶带，平时在家他都是一个人玩，很少与别人交流。于是，我有空的时候就经常给他一个热情的拥抱，给他一个鼓励的眼神，他只是痴痴地望着我，满脸疑惑。在他玩玩具时，我主动跟他一起玩，做有趣的小鸭子、小飞机等。起初他只是抱着玩具，对我不理不睬，也不动手操作，无论我怎么鼓励他，他就是不为所动。开始我觉得很无奈。后来，我查找原因并和同事一起探讨教育方法，知道了接触这样的幼儿要善于抓住契机。在一次拼摆机器人的操作活动中，我听到他"呜呜"的哭声后，便微笑着走过去。他看见我来了，连忙把纸卡捏在手里揉得皱皱的。看着乱七八糟的纸卡，我问他："你怎么啦，需要我帮你吗？"他的小脸涨得通红，没有出声。我知道他平时喜欢机器人，对机器人很感兴趣，就特意一步一步地教他拼摆一遍。摆完后，我轻声对他说："你重新摆一遍好吗？机器人可是你的好朋友，它很想和你一起玩，摆完后你就可以找到一个知心朋友了。"他用疑惑的眼神望着我，我感觉到这句话好像触动了他。我悄悄地走开了。过一会儿，我再来看他时，他真摆好了，只是布局有点散，这是他第一次尝试动手操作，能摆到这种程度已经很不错了。我及时在大家面前表扬了他；这是我见过的"最美"的机器人。他露出了开心的笑容，我第一次见到他笑得这么灿烂，我感觉到工作终于可以看见一点点成效了。

好的开端是成功的一半，2018 年的园运动会，我发觉他爬行挺出色的，于是安排他参加单项比赛，没想到他居然得了第一名，这是多么振奋人心的好消息啊。于是，我抓住这一契机，在全班幼儿面前赞扬他为我们班争得了荣誉，大胆地展示自己，希望大家向他学习。他真正尝到了成功的滋味，对自己树立了信心。他感觉到老师和小朋友们都没有忽视他，而且以他为荣。他也慢慢地接受我了，有时能主动与我交谈了。其他小朋友找他一起玩时，他也能玩得很高兴。慢慢地他不再胆怯了，能站在大家面前说话了。当他遇到困难、哭鼻子的时候，我会鼓励他："你是爬行冠军，你一定能行！"

《幼儿园教育指导纲要（试行）》指出："为每个幼儿提供表现自己长处和获得成功的机会，增强其自尊心和自信心。"教师要注意捕捉留守幼儿的闪光点，鼓励他们发挥特长，从而使他们树立自信。

（重庆市江津区白沙幼儿园　　龚治勇）

·心心相"析"

自信心作为一种重要的社会性心理品质，是幼儿良好的心理素质和健康个性的重要组成部分，对幼儿的身心健康发展具有巨大的促进作用。

留守幼儿长期缺少父母的关爱，有些会自信心不足。我们班上的小女孩析析就是这些幼儿中的一个。她的爸爸妈妈在深圳打工，奶奶成为她的主要照料人。因为缺乏父母的关爱和督促，析析对奶奶过分依赖，做什么事情都希望奶奶陪着或者让奶奶帮忙。在幼儿园的学习生活中，析析的独立能力较弱，在各项活动中缺乏自信，不够主动、大胆。为了让析析得到更全面的发展，我决定在幼儿园里给予她更多的关注，帮助她提升自信心。因此，我们之间有了许多小故事。

灯笼与眼泪

一次美工活动中，我让幼儿去美工区选择自己喜欢的手工纸进行折纸，不一会儿，我发现幼儿像变魔术一样，将正方形手工纸变成了"小猫""小鱼""蘑菇"等。我正要表扬幼儿的小手真厉害的时候，突然发现析析圆圆的大眼睛眼泪汪汪的，我蹲下身问她怎么了，她哭着告诉我："佳佳就是不帮我折，我也要折小灯笼。"这时旁边的佳佳急忙解释："我折了一个灯笼，她也想要，可是她又不会，她就要我给她折，我没给她折，她就开始哭了。"弄清事情缘由后，为了保护幼儿的自尊心，提高幼儿的自信心，我就对析析说："你想要灯笼老师可以教你，但是你能不能先教老师折一个你会的。"这时析析把眼泪一抹，对我说："可以呀，我教你折小猫吧。"析析认真地教我折起了小猫。折完小猫之后，析析看着我说："老师，现在该你教我折灯笼了吧。"于是我就教析析折起了灯笼。析析很专注、很认真地跟着我学。折到最难的一步时，析析感觉有点困难，对我说："老师，你帮我折这一步好不好？"我对她说："这一步有点复杂，我再慢慢地折一次，你仔细跟着我折好不好？"析析在我的鼓励下慢慢地跟着我的节奏折好了一个小灯笼。最后，析析为了把灯笼吹得鼓鼓的而涨红了小脸。我看到她那红扑扑的小脸露出了灿烂的笑容时，一份自豪感洋溢在心间，有种沐浴春风的感觉。

生日气球

在语言活动中，我们一起欣赏了绘本《生日气球》。绘本中有很多角色可供表演。欣赏之后我让幼儿上台表演这个故事，很多幼儿都高高地举起小手争抢着来表演，我却没有看见析析的小手。于是，我对她说："析析，你想来表演吗？"析析摇头表示不愿意。于是我对她说："你看小袋鼠的生日气球是心形的哟，好漂亮，要是你上来表演，这个气球就可以送给你哟。"最后，在我的鼓励下，析析参与了表演。析析表演时我想用眼神与她有所交流，但是她始终没有看我。表演结束后，虽然析析得到了心形的气球，但是我并没有看见她很高兴，反而看见她拿着气球低着头坐在小椅子上，一副无精打采的样子。我蹲下身来轻轻问道："你怎么了，得到了漂亮的气球你不开心吗？"析析望着我说："我想爸爸了，我也想让爸爸陪我过生日，送我生日礼物。"看到此时的析析，我真的很心疼，于是我对析析说："爸爸虽然没有每天陪着你，但是每天都很想你，等你生日时爸爸一定会给你准备漂亮的生日礼物。"之后，我利用网络与其爸爸取得联系，建议他多与析析进行视频通话，尽量多抽空陪陪析析，并为析析准备生日礼物，让析析体会到虽然爸爸不能每天陪着自己，但是爸爸依然很关爱自己。

在我的鼓励和引导下，析析的自信心已有所提高。后来她能走上舞台参与表演了，只是还不够大胆、主动、自信。为了让析析变得更加自信，我经常利用空余时间和她谈话，多鼓励她，给她讲故事，然后让她把故事讲给同伴听；还让她当小老师，带着同伴做游戏、念儿歌；让她为班级做一些力所能及的小事情，并时不时给她一个微笑，奖励一个娃娃笑脸。我相信，只要给予她更多的关爱和自我展示的机会，她一定会越来越自信。

高跷引起的小插曲

一个风和日丽的上午，幼儿兴高采烈地走出教室，来到户外场地。中班的幼儿对没有玩过的高跷很感兴趣，于是我就让幼儿尝试着走一走。幼儿就像跳动的小音符，在绿绿的草坪上走来走去。这时，我看见独自在一旁练习的析析，她在高跷上没走几步就从上面掉下来了。我安静地在一旁看着，心里想，她等会儿会不会走过来对我说："我不会，我不想练习了。"我观察了很久，她没有走过来。我看到的是析析三番五次地从高跷上掉下来，然后又努力地站上去，在一次次的失败之后，又重新站起来。此时，我心里有一阵暖流流过，慢慢走到析析身边，用鼓励的眼神看着她，让她继续专注地练习。不一会儿，提着高跷的析析兴高采烈地跑过来抱着我，激动地对我说："老师，我学会了，我学会了，我不会从上面掉下来了，我走给你看好不好？"顿时，我激动万分，惊喜地回答："好呀，你真是太棒了！"此时析析的笑脸是那么灿烂，让人难以忘怀。

析析的变化让我坚信爱和鼓励可以给幼儿力量，我们要多关爱一点幼儿，多给幼儿微笑和鼓励，帮助幼儿树立自信心，让幼儿在留守的天空也能健康快乐地成长。

（重庆市江津区白沙幼儿园　　覃艳　朱海彦）

·彩色的世界

飞飞是一个让我下决心开始关注留守幼儿的孩子。他是一个乖男孩，乖到一声不吭，一动不动。

印象最深的是在一次自由活动中，幼儿都三三两两在教室里玩玩具，只有他一个人安静地坐在自己的小板凳上，默默地看着他眼前堆积木的幼儿，嘴角露出了微笑。这一幕让我难以忘记。

刚适应幼儿园的那段时间，飞飞基本很少参与集体活动，对教室里各种各样的玩具似乎没有兴趣，最常做的事情就是坐在自己的座位上发呆。

在一次自由涂色的美术活动中，飞飞交给我一张满是深蓝色蝴蝶的画。其他幼儿看到后嘴里喊着："老师，飞飞的蝴蝶好丑啊。"听到同伴的点评，飞飞原本开心的脸上露出了一些失落和难为情。我连忙把他叫到身边，问他："飞飞，你最喜欢的颜色是什么?"他低头很久后，用手指了指我手中的画，眼睛始终没有看我。"飞飞，老师觉得你能自己涂色这很棒，你的蓝色蝴蝶也很漂亮，我很喜欢。下次要画得更好哦!"看到他的表情恢复平静，我才放心地让他回座位。

从"农村留守儿童项目"培训回来之后，我给幼儿准备了一个绘本活动——"抱抱"。在活动中，我请飞飞来拥抱我，但他胆小不敢过来。我主动过去，与飞飞拥抱，他依旧低头不看我。后来我让男孩子们互相拥抱，在同伴热情的拥抱中我看到飞飞的表情有了一些细微的变化，他愿意与别人拥抱了。飞飞的心很细，从他画画的过程就可以看出来，涂色的时候很仔细，很慢，不留白。飞飞也很脆弱，有别人欺负他，他从来不还手，一个人哭，也不会告诉我，我想他还是没有把我当成一个可靠的朋友。

在项目组为幼儿准备的留守幼儿生日会上，飞飞戴上生日帽，听大家为他唱歌，许愿吹蜡烛。在这样充满仪式感和爱的活动里，他露出了笑容，吹灭了蜡烛。我为他切下一大块蛋糕，问他："飞飞，今天开心吗?"他对我说："开心。"

飞飞不想被关注，却渴望被关爱。通过我们一次又一次开展形式多样的留守幼儿生日会活动，远在他乡的家长们也开始重视留守幼儿的心理健康了。飞飞的奶奶对我说，飞飞的妈妈经常会和孩子视频聊天，并且嘱咐飞飞的舅舅每天晚上帮助飞飞回顾在幼儿园里的活动。现在飞飞的作品上出现了一些色彩，再也没有幼儿说他的画丑了。

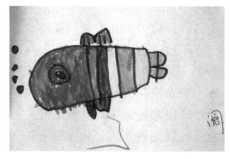 

（甘肃省天水市麦积区麦积镇街亭幼儿园　　张婧婧）

·爱的印记

毕业典礼上，当主持人宣布"请老师为本班小朋友颁发毕业证书"时，你梳着蝎子辫，阳光自信地向我走来。我蹲下来双手递给你毕业证书，说："宝贝，祝贺你毕业了。"你接过证书，突然张开双臂死死地搂住我的脖子，"哇"的一声大哭起来。"刘妈妈！刘妈妈！我不想离开你！"顿时，我的心隐隐痛起来，眼泪再也止不住了，一下子流了出来。我更是紧紧地抱住了你——几十个幼儿中最让我揪心的那个。往事清晰地浮现在眼前。

爱由心生

记得你来园的第一天，一位衣着朴素、态度谦和的老人把你领到我面前，我蹲下来细细打量着你：分不出性别的短发，肥大的浅绿色短袖和墨黑运动裤，脚蹬一双蓝色塑料凉鞋。我问你"叫什么""几岁了""这是谁送你来的"……你一律不回答，大眼睛怯怯地看着我，小手揪着爷爷的裤腿一个劲儿地向腿后躲藏。为了尽量减少你的分离焦虑，我蹲下来稍用力掰开你揪裤腿的小手，迅速领你走进教室，并大声向其他幼儿介绍："快点儿掌声欢迎啦！咱们班来了一位新朋友。"你还未来得及哭就被带到全体幼儿面前。你那小手死死地攥着我的手，那天你就成了我的"小尾巴"，紧紧地跟在我身后，默不作声。正巧离园时下起了细雨，我也想对你做一次家访，以便日后更好地照顾你。于是我提前打电话给你爷爷，说下雨了我顺路把你送回去。

路上我打的伞倾向你的一边，免得你那瘦弱的小身板被淋到。进家门后看到你家仅有的一锅、一炕、一桌、一壶……我的心都凉了，真没想到还有这么贫困的家庭。寒暄了几句后我问爷爷为什么你不敢说也不爱说话。爷爷叹了口气说："老师你说，谁陪她说话呀？她爸妈在外打工，一年半载才回来一回，我一个老头子整天跟个小丫头说什么呀。"说着眼圈湿润了，头也扭向另一边。看看这位年近七旬的瘦弱老人，再看看缺少陪伴的年幼的你，我的心有一丝丝的痛。含泪告辞后，最本能的母爱从心底油然而生。从那时起，用为你买书包、绘本等物品的方式奖励你成了我的习惯。

抱抱的魔力

记得在讲经典绘本故事《抱抱》的最后一个环节时，我鼓励你主动与同伴、老师抱抱，共同体验抱抱带来的幸福。你呆坐在小椅子上抠着手没有动，有幼儿主动去抱你，你却把身体往旁边一扭。我看到这一幕后就微笑着走过去把你拉到我怀里，虽说你没有抗拒，但你的身体僵硬、笔直地戳在那儿，我甚至还感觉到了你的紧张。我想这肯定与你长期缺少父母的关爱和陪伴有关。想到这儿我把你搂得更紧了，我要把你的心融化。于是有了下面一系列的"抱抱"。

每天清晨我都在班级门口迎接你，蹲下来，微笑着拥抱你。等你习惯了这样一种接待方式后，我加了一个小动作：抱抱的同时挠你。我半蹲下，抱着你坐在我的左腿上，用左手按住你的左胳膊，同时将你的右胳膊夹在我的腋下，使你动弹不得。嘿嘿！我开始挠你喽！你在我怀里躲着、扭着、笑着……"咯咯"的笑声传遍了整个楼道。看着你甜甜的笑脸，我欣慰了很多。后来我又加了一个小动作：在抱抱、挠你之后在你耳边说一句赏识你的悄悄话，如我好喜欢你微笑的样子，你真勤快，你回答问题时声音很好听。两个多月后，你竟敢主动抱抱我、挠我了，"刘妈妈"的称呼也是自那时开始的。寓教于乐的形式使你接受了我。于是，我又在你耳边说了这样一句悄悄话："你明天能和我一起用抱抱的方式迎接小朋友们吗？"你不假思索地说："能呀！""那你要第一个来呦！我们拉钩约好。"

第二天你早早地来到幼儿园。我给你披了一个绶带：今天我值日。你用小手不停地抚摸它，眼睛不停地向楼道张望，嘴里嘀咕着："小朋友们怎么还不来呢。"我和你一起站在门口等待着。远远地看见波波妈领着波波走过来，嚷道："呦！今天有个小值日生呀！真精神！"我向你递了一个赞许的眼神，你紧张得两只小手紧紧地贴在裤腿上。当你鼓足勇气准备抬起双臂拥抱波波时，活泼的波波却已经冲过来"嗖"的一下抱住了你，以至于你只能用双手简单地搂住他的腰。没想到第一个拥抱竟是突如其来地顺利。我向你做了一个成功的手势。你害羞地低下头，但眼睛里闪过一丝亮光。接着丽丽来了，你俩都主动张开双臂轻轻地相互拥抱，第二个成功的拥抱给了你足够的信心。随后，你体验着各式各样的拥抱：温柔的、猛烈的、快速的、长久的……你的表情也在不断变化着。接下来的日子里，抱抱成了你的日常惯例，这种无声的语言是你与小朋友相互认可和接受对方的简单方式。

在为留守幼儿举办的生日会上，在《爱我你就抱抱我》的音乐背景下，你给了妈妈一个深深的、长久的、有温度的拥抱，妈妈也回馈给了你一个同样的拥抱。会后妈妈激动地对我说："以前我回来她都是冷冷地躲着我，没想到……"宝贝，真心为你鼓掌。

培养专注力

还记得你刚来班里上课的样子：瘦弱的身体仰坐在小椅子上，咬着右手食指……你的小动作很多，后来你低头叼住衣领上的小白珠子。为了安全，我悄悄走过去暗示你将小白珠子吐出来，而后你又继续用你那种方式听课。我想通过提问来吸引你的注意力，但是每次你都低着头，咬着下嘴唇，不回应我。

我决定用坚持不懈、慢慢等待的方式来引导你。晨间谈话时我与你拉家常：最爱吃什么饭呀？在家玩什么？自己会洗脸、穿衣服吗？我为你创造说话的机会，进而让你体验语言交流的乐趣；区域活动时我与你一起寻找那些能被磁铁吸起来的物品并记录着，以此来激发你探究的兴趣，同时提高你的专注力；户外活动时我也不忘与你一起观察不同树种叶子的颜色，回班后进行绘画创作；离园时嘱咐爷爷回家后每天陪伴你10分钟，例如，和你聊聊爸爸小时候的事儿，讲讲小鸡的成长过程等。这样的特别时光让你体验着亲子快乐，增强了心理安全感。随着时间的推移，我发现你越来越专注、敢于探究和尝试了。

"刘老师！刘老师！"爷爷诚挚的呼唤声把我从回忆中拉回。"真的感谢你对我孙女的照顾，我也不会说，就不多说了。"看着眼圈泛红的爷爷，我哽咽着"嗯"了一声，点头表示理解。我把你的小手送到爷爷的大手里，目送你走过前面的"成长之门"。泪目中爷孙俩的身影渐行渐远，我在心里永远为你祝福。

（河北省高碑店市第一幼儿园　　刘颖）

·用爱呵护稚嫩童心

赫赫是一个 4 岁的小男孩，2017 年 9 月入园。刚刚进入幼儿园的幼儿，有的大声哭，有的跟新伙伴交谈甚欢，有的安静地坐着看着别的小朋友……在一个不起眼的地方，有个小男孩在偷偷地抹眼泪。我注意到了他与别的幼儿不同，于是我走近他，抱着他，和他交谈，聊他喜欢的动物、动画片等，尝试让他和我说话，可他却只用简单的"不知道""嗯"来回复我，这个孩子就是赫赫。从那一天开始我便有意识地走近他，想更多地了解他，也看到了发生在他身上的几个小故事。

故事一：某天，午餐准备好了，幼儿围着桌子排排坐。我巡视了一番，看到赫赫坐的地方有些挤，我便让他起立帮他换了一个宽松的位置，哪知我刚转过身，便听到啜泣小声，转头一看，是赫赫，他两只眼睛已经开始掉眼泪了。我走上前去询问："赫赫怎么了？为什么哭了？"他只是看着我，并不说话。经过反复询问，我才知道是因为给他换了位置。于是我告诉他，换位置是因为之前的地方有些挤，给你换了一个不挤的地方。他听了之后，才抹掉眼泪停止哭泣。

故事二：某天下午起床时，活动室内温度有些高，我发现有些幼儿微微出汗了，于是让穿两层衣服的幼儿脱去一层衣服。幼儿很快把衣服放进自己的橱柜中了。这时候，有个幼儿大声喊："老师，他不脱。"我顺着他指的方向一看，原来是赫赫。我走上前去，告诉他下午起床气温高，有些热，要把衣服脱掉。他委屈地看着我，并向我摇摇头表示拒绝。我蹲下身，向他讲道理，告诉他如果在很热的天还要穿厚的衣服，可能会引起身体不适，严重了还要打针输液。他听了才慢慢脱下自己的外套。

故事三：有一次早晨吃水果，我让幼儿先去上厕所再去洗手。当赫赫回到座位的时候，我发现赫赫并没有洗手，便问他："赫赫，你洗手了没有？

没有洗的话赶紧去洗一洗。"话音刚落，他的眼泪就流下来了，我一时摸不着头脑。后来一想，估计是我说话太急，让他感到不舒服，误以为是在批评他。我弯下腰赶紧解释："老师刚才说话太急了，但是并没有批评你，只是告诉你，要洗干净手再吃水果，细菌才不会进到肚子里。"他听了，便转身走进盥洗室去洗手了。

故事四：某天午休时间，幼儿睡得正香。我听到有人在哭，寻声找去，是赫赫。我问他怎么了，他只是哭得更伤心，不说话。我问他是不是想妈妈了，他摇摇头；是不是肚子不舒服，他继续摇头；是不是想上厕所了，他点点头。我赶紧抱他起来，让他去上厕所，并告诉他，睡觉的时候想上厕所要及时告诉老师，憋尿是不好的习惯。

由以上这些故事，我感觉到他是一个胆小、不善交谈的幼儿，于是我与他的家长进行了交流。他奶奶告诉我，赫赫的爸爸常年在外工作，每次回家也就待几天；妈妈是农村教师，陪伴孩子的时间并不很充裕。孩子在家主要由爷爷和奶奶看管陪伴。他奶奶也提到这个孩子会有些胆小，有话不敢说。通过与家长交谈，我找到了他家庭的特殊性。我也鼓励家长有时间多陪陪孩子，经常与孩子交流想法。此外，为了补偿孩子的依恋需要，在幼儿园里，我会多亲近他，如摸摸他的头、拉拉他的手、多对他微笑、单独与他拉家常、经常拥抱他等，使他解除对我们的害怕心理。通过一段时间的共同努力，赫赫慢慢喜欢上我了，见到我不再躲避了，有时还能冲我笑笑，也变得比之前活泼了。

现在要升中班了，经过两个学期班内教师的努力，以及幼儿园组织的一系列关爱留守幼儿的活动课程，赫赫发生了明显的变化。

每天早晨赫赫都是小跑着进园的，见到教师能主动大声跟教师打招呼；和同伴玩玩具能够主动找到好朋友，和好朋友一起交流玩玩具的方法，有时候也会和别的幼儿开心地小闹一番；在日常生活中，遇到问题能够主动向教师寻求帮助；每次出去户外活动，玩滑梯的时候，他总会在最高的位置，向我大喊"秦老师"，并高兴地向我挥手；玩累了，拉着我的手在我旁边默默跟着我。现在，每天放学时，爷爷来接他，他都看着我，开心地跟我击个掌，反复挥手道别后才恋恋不舍地跟爷爷回家……看着他的变化，我的心里也为之感到高兴、自豪。

从赫赫的案例中，我总结出对于这些幼儿，要多进行家访，及时了解他们的情况，与他们现有照料者进行交流，让家长有问题及时和教师沟通，与幼儿园教育同步，从而取得更好的教育效果；此外，让家长多和幼儿交流沟通，从而让幼儿对家长产生信任感。

身为一名幼儿教师，关心爱护每一名幼儿是我们的责任和义务。我们要多了解幼儿的内心需求，弥补他们缺失的亲情，让每个幼儿都能健康快乐成长。

（河北省高碑店市第一幼儿园　　秦玲玲）

·孩子，别怕

小鑫是我们班的一个留守幼儿，长期与爷爷奶奶生活在一起，爱哭，很少与人交往。我发现班里好像没有喜欢跟她玩的人。她总是一个人坐在座位上，怯生生地看着周围的一切。下楼梯时，她自觉地退到最后，等别的幼儿走完后，才慢慢地扶着栏杆往下走。对于教师的主动接近，她总是显得恐慌、紧张。

通过与她爷爷多次沟通和家访得知，小鑫从小就胆子小，什么都不敢尝试，总是担心会把什么弄坏，害怕、不信任陌生人（除家人以外的人）。我听了以后很难过，我想试着帮帮她。

2021年冬天的一天，小鑫因为没来得及上厕所，尿了裤子。我怕她穿着湿裤子会着凉，就要她把裤子换下来，可哭得眼泪汪汪的她却使劲儿提着裤子，不让我靠近她。我没有犹豫，一把把她揽在怀里，抚摸着她的头安慰她："不要怕，先把湿裤子换下来，要不会着凉的……"渐渐地，她的情绪平静了下来。当她看到我裤子上沾到的一大片尿渍后，提着裤子的手慢慢松开了。从这以后，小鑫开始跟我讲话了。尽管她说话很慢，但是我每次都会耐心地听完她讲的每一个字。

每个人都有长处、优点，她也不例外。"今天下两级台阶没有扶栏杆，你进步了。""小鑫原来认识这么多字，你真棒。你能大声读给老师和小朋友听吗？"我也及时对她进行评价，及时对她进步的行为给予肯定、鼓励。

为了使小鑫能像其他幼儿一样独立地下楼梯，我和她约定了一个"秘密协议"：只要能不扶栏杆走下楼梯，就可以得到一枚"奖励贴"。有一次我看到她下最后两个台阶时，试探性地松开了手，一步一步地挪着走了下去。等她站稳之后，我急忙走过去，对她竖了竖大拇指，说："你可以得到'奖励贴'了。"就是这个小小的"奖励贴"让小鑫迈出了不平凡的一步。

我在班里有意识地选择了一两个热情、善于交往的幼儿，引导他们主动接近小鑫，让小鑫体验交往的快乐，同时建议家长给小鑫带一些玩具、图书来幼儿园，创设机会让她与他人分享、合作。小怡是一个做事稳重的幼儿，为了给她们创造接触的机会，我就把她俩的座位调到了一块儿。刚开始她与小鑫接触时，小鑫都会回避。直到有一次，小鑫对小怡折出的飞机产生了兴趣，她几次想把手工纸推到小怡面前，可又都抽了回来，张开的嘴巴又合上了。这时热心的小怡主动说："我给你折一个吧。"小鑫用力地点点头。她拿到折好的飞机后，在游戏活动时间，没有再拒绝小怡的邀请，两个人走到了一起，小鑫在班里开始有了她的第一个朋友。

集体活动中，我发现小鑫总是用很向往的眼神看着值日生分碗，于是就请她来试一试。她却怯生生地拒绝："我不会。""你会，来，试试看。"当她摇摇晃晃地抱着碗向我走过来时，我看见了闪在她眼里的兴奋。在吃饭前，我特意提到了今天的值日生是小鑫，幼儿给小鑫鼓起了掌，小鑫的脸上露出了一抹笑容。

经过一年的努力与尝试，小鑫各方面都有了明显的进步。与小鑫在一起的日子里，我的脑海中保留了她的许多"第一次"：第一次不扶栏杆走下了楼梯，第一次自己爬上了滑梯，第一次主动跟我说"再见"，第一次能在离园活动中主动要求讲述……相信这一切都仅仅是开始。

（陕西省商洛市洛南县三要镇中心幼儿园　　岳利）

·走近你，关心你，赏识你

我园是一所乡镇幼儿园，经济发展相对落后。许多孩子的父母外出打工，把孩子留在家里长期由老人来照顾。我们班的小萱就是一个典型的留守幼儿，父母长期在外打工，从小由爷爷奶奶带。小萱平常在班里总是独来独往，让人难以接近。

走近你

开学不久，我组织了一次说说"我的妈妈"的活动，大家都争着说，十分踊跃。之后，我播放了《世上只有妈妈好》的音乐。正当幼儿唱得起劲时，我看到小萱的眼里闪着泪花。我赶紧走过去问她："小萱，你怎么了?"她突然大声哭了起来，无论我怎么哄都不行。想到她的爸妈在她很小的时候就一直外出打工，妈妈一直不在她的身边，我赶紧为她擦去泪水，把她紧紧地抱在怀里。小萱并没有推开我，而是依偎在我的怀里过了许久许久。我知道小萱已经开始接受我了，我也一步一步走进小萱的世界，不断给她爱与温暖。

关心你

一天上午，孩子们正在玩游戏，我看出了小萱好像有些不舒服，咳嗽很厉害，就倒了一杯温水给她喝，并抱着她，轻轻地拍着她。后来我给小萱爸爸连续打了好几个电话，可都没人接。我着急了，看着小萱难受的样子，实在心疼，最后决定把她送回家。那天天气非常冷，风很大，我说："小萱，让老师抱着你走吧，这样我们就不冷了。"小萱点点头。我抱起她，她的小手也紧紧地抱着我，一路上我们边走边说，在寒风中我们渐渐暖和起来。在小萱的脸上，我看到一抹温暖的笑容。小萱不好意思地说："老师，你就像妈妈一样，我可以亲亲你吗?"我笑着说："当然可以。"到了小萱家，她的爷爷奶奶很惊讶，连声说："谢谢老师。"我连忙说："不用谢，赶紧带小萱去看看医生吧。"告别爷爷奶奶后，我就往学校走。这一路上我的内心很复杂，心中一阵酸楚。从那时起，我对小萱的爱又多了一些。

赏识你

记得有一句话说："赏识教育是生命的教育。"那天我们正在画画，家长来接小萱了。小萱似乎对自己的作品不是很满意。我说："小萱画的小鱼真可爱，很棒哦!"她瞬间高兴得像只小鸟。之后，我每天都在寻找小萱的闪光点，哪怕有一点小的进步也及时表扬和肯定她。小萱变得开朗、自信起来，交到了许多好朋友，还成了我的小帮手。

关爱留守幼儿不是简单的一句话、一件事，而是一项长期的工作，只有扎实认真去做，才能使留守幼儿的生活更快乐。

（江苏省南京市溧水区洪蓝街道中心幼儿园　　解祥冬）

第三章　因人而异爱不同

·渴望陪伴

　　小伟的妈妈常年在外打工，一年只能回家两三次。他的爸爸虽然在家里，但是很少接送他，也很少参加幼儿园的活动。小伟一直由奶奶接送和照顾。

　　开始，我并没有特别关注小伟，因为他和其他大部分男孩子一样调皮，一样爱玩爱笑。我觉得相比较其他非留守幼儿，他并没有什么特别的地方。后来我慢慢发现，在幼儿活动的时候，他总是有意无意地在我身边转悠，当我转过身时他又嬉笑着跑掉，我甚至来不及捕捉他眼神里透露出来的信息。从那以后我慢慢去注意他。有一次他在旁边看着我，就在他正要跑掉的时候我叫住了他。我蹲在他面前，我们的眼睛正好对视，我看到他眼睛里有些许紧张，还有一丝兴奋。于是我和他聊了起来，其中有一段对话让我记忆深刻。我问他："你在家里乖吗？你和哥哥有没有听奶奶的话？"他说："奶奶说，如果我不听话她就变成 shui 娃娃（岁娃娃，方言）了。"我假装非常惊讶地问他："如果奶奶变成比你还小的小孩子可怎么办？"他略做思考说："我听话奶奶就不会变了。"我觉得他害怕奶奶变成小孩子，这种害怕可能来自他对奶奶的依赖。我不死心地问他："如果，如果奶奶变成小孩子了，你会怎么办？"他说："我会给奶奶做饭，送她上幼儿园。"他的意思是如果奶奶真的变成了小孩子，他就会像奶奶照顾他一样照顾奶奶，可见他的奶奶在平时是小心翼翼地照顾他们的。就是这样简单的几句对话，让我的心里泛起了涟漪。我没有想过这个平时那么调皮捣蛋的孩子竟然会说出这样令人感动的话，也没想过那个稍显年轻的奶奶在家里是这样"对付"两个捣蛋鬼的。我想如果没有这次聊天，我可能不会知道他的奶奶是这么一位幽默的奶奶，我可能也不知道这个孩子对奶奶的爱有多深。

在那之后，我发现了小伟的一些小变化。比如，我们要去院子里活动或做操的时候，他就会故意走在队伍的最后面。我问他："你怎么不走？"他就会眨着小眼睛看着我，悄悄把手塞给我。我说："你是在等老师一起走吗？"他就会点点头。此后，我们两个人的互动更多了。我珍惜每一次小伟和我交流的机会，也尽量多创造机会和他交流，让他感受到我的关爱。

（甘肃省天水市清水县永清镇第二幼儿园　　鲁俐彤）

·每个小天使都需要被关爱

在甘肃省"农村留守儿童项目"团队近几年的帮助下，我们幼儿园的留守幼儿不管是在学习方面还是生活方面都有了很大的变化，也让在外打工的父母感到了一丝安慰。家长们都很支持我们幼儿园对留守幼儿开展的各项活动。

小彤是双亲外出打工的留守幼儿，据了解，她爷爷奶奶身体不好，平时由姑妈照顾。小彤聪明伶俐，但不爱说话。我对她十分关心，她说喜欢给小朋友帮忙，我就让她当小值日生。她经常帮别人做事，是一名乐于助人的孩子。一次她生病了，由于姑妈在外地出差无法回来，我了解情况后，就带着她到卫生院看病，给她包好药，并把她送到了病床上休息。护士帮她输上液，她躺到病床上，对我说："老师，我这次生病感觉很开心，因为有老师陪着我。"我听了感动得不知道该说什么。

小晨也是一个双亲外出打工的留守幼儿，日常照料者是爷爷奶奶，家里还有一个妹妹和一个弟弟。两位老人照顾三个孩子很辛苦。小晨是个懂事的孩子，她妈妈说，在还没有去外地打工的时候，孩子在身边很黏人，他们走到哪儿跟到哪儿，每次走的时候都不让他们走，说走也要把她带上。记得 2021 年春节假期结束后要去外地工作，小晨不让他们收拾行李。看着父母即将远去的身影，她边哭边跑到他们身边，搂着父母的衣袖，大声地哭喊着让他们留下。后来，爷爷奶奶拉着她，父母急急忙忙上了车，在那一瞬间父母的心里五味杂陈。他们夫妻俩在铁路系统工作，工作地点在外地，工作的地方也没有固定居所，他们也在考虑等孩子长大后在家乡找份工作，多陪陪孩子及自己的父母。

这些留守幼儿需要的是爱。身为教师，能为他们做些什么呢？在"农村留守儿童项目"团队的帮助下，我们举办各类关于留守幼儿的活动，比如给留守幼儿过集体生日，让他们给远方的父母写亲情书信，把幼儿自己亲手制作的小卡片和画的"幸福的一家人"画作寄给他们的父母，创设环境让他们在幼儿园能轻松快乐地学习，感受到幼儿园是一个温馨的大家庭，是一个充满亲情与关爱的港湾。

（甘肃省天水市甘谷县六峰镇中心幼儿园　　郑瑞）

·珍视幼儿真实的情感表达

《3—6岁儿童学习与发展指南》明确指出："健康是指人在身体、心理和社会适应方面的良好状态。幼儿阶段是儿童身体发育和机能发展极为迅速的时期，也是形成安全感和乐观态度的重要阶段。"成人应为幼儿创设温馨的人际环境，让幼儿充分感受到亲情和关爱，形成积极稳定的情绪情感。留守幼儿长期缺乏父母的关爱，在情感上更为敏感和脆弱。让我们一起走进他们的世界，了解他们的真实故事，倾听他们在温情时刻用哭泣传递的真情告白。

案例一

《抱抱》是一本故事简单、画面温馨的绘本，十分贴近幼儿的生活经验，可以满足他们被爱、被拥抱的心理需求，也能引导他们学习表达内在的情绪感受。全书只出现了三个词语：抱抱、宝宝和妈妈。绘本通过极具感染力的画面，传递着动物间的亲情。在活动过程中，姚老师绘声绘色地讲述着故事，深深地吸引着幼儿的兴趣。尤其是小猩猩因为想念妈妈而伤心地大哭的情节，引起了幼儿的共鸣。他们争先恐后地呼喊着："老师，我也想要抱抱。""我也要抱抱……"姚老师轻声问道："你想和谁抱抱呢？""我想和爸爸（妈妈）抱抱。""我想和小朋友抱抱"……幼儿表达着自己对抱抱的渴望。结束环节后，姚老师带幼儿进行儿歌律动"我来抱抱"："宝宝抱抱，抱抱宝宝。谁来抱抱，我来抱抱，谁来抱抱，你来抱抱。"幼儿饶有兴趣地一边念着儿歌，一边做起了游戏。幼儿快乐地和教师拥抱，和同伴拥抱。姚老师欣喜地看到幼儿脸上洋溢着快乐、兴奋的笑容，享受着抱抱游戏带来的温暖。

在幼儿拥抱的时候，唯独她——萱萱，一个人坐在小椅子上。姚老师走过去，亲切地问："萱萱，你想和谁抱抱呢？"姚老师的话音刚落，萱萱突然"哇"的一声大哭起来。她哽咽地说："我想我奶奶……"萱萱的哭声使沉浸在游戏快乐中的幼儿的欢笑戛然而止，他们同时用惊异的眼神望着萱萱。姚老师一边帮她擦眼泪，一边轻声说："萱萱，我来抱抱你，好吗？"幼儿也都纷纷跑过来，争先恐后地说着："我来抱抱你，我来抱抱你……"幼儿用大大的、温暖的抱抱安抚着萱萱的情绪。

在我们成人看来，拥抱是亲子间自然的爱的表达方式。温馨的故事情境应该使幼儿感受到抱抱是重逢的喜悦，是感谢，是分享快乐。萱萱的哭泣是活动中的意外插曲，但正是这突然、意外的举动，使我们看到了萱萱内心的孤独与脆弱。

萱萱的父母都在外地打工，只有寒暑假她才能和父母团聚，平时她和奶奶一起生活，奶奶是她唯一依靠的亲人，在她内心占据着很重要的位置。因此，在活动中，当听到其他幼儿说和爸爸妈妈抱抱的时候，她内心想到的只有和自己朝夕相处的奶奶。因此，在抱抱环节，她才用哭泣的方式表达对奶奶的依赖和对亲情的渴望。萱萱通过毫不掩饰的真情表达，使我体验到了她对父母的归来有着强烈的期盼，她内心对亲情有强烈的呼唤。

案例二

这是集体生日会的温馨场景，留守幼儿在家人的陪伴下分享蛋糕，接受教师赠送的生日礼物和美好的生日祝福，共同体验集体生日会的幸福。也就是在这样的时刻，妞妞既不去选择礼物，也不去吃生日蛋糕。她在小椅子上一动不动地呆坐着，过了一会儿竟抽泣起来。她很伤心，也很难过。陪同她一起参加生日会的奶奶看到她泣不成声的样子，即刻用略带口音的方言生气地指责起来："你这丫头怎么回事，大家一起过生日，别人都这么开心，你这又是演哪一出呢？"妞妞对奶奶的话语并没有回应，依然伤心地哭着，而且哭声越来越大，甚至超过了会场的音乐声。这时候会场一片静寂，幼儿惊异的眼神瞬时集中到了妞妞身上。老师走过来说："妞妞，可以和老师说说话吗？"妞妞扑到老师怀里。老师抱住妞妞，眼泪也情不自禁地流了下来。妞妞断断续续地哭着说："我，我想妈妈……"妞妞的话似乎惊到了在一旁的奶奶，她似乎读懂了妞妞的哭泣行为。奶奶走过来，从教师怀里抱过妞妞，语气也缓和了许多，说："来找奶奶吧，你想给妈妈打电话吗？"妞妞一边哭一边摇摇头说："不，不要……"这个时候，我分明看到泪水从奶奶眼中悄然滑落。

在生日会上，妞妞的哭声牵动着每位在场的家长和教师的心，我们对妞妞既有心疼，又有无力安抚的无奈。妞妞的父母两年前离异，爸爸在外地打工，她平日只能和奶奶生活在一起，年幼的妞妞以这样特殊的方式在生日会上表达着对妈妈的思念和对亲情的渴望。

反思

每每想起这些历历在目的真实情境，我的内心都会有深深的触动。在我们成人看来是温暖、快乐的场景(绘本故事分享和集体生日会)，却使年幼而"情感饥渴"的幼儿流露出了真实的情感需求和渴望。他们的哭泣是情感的表达，更是对亲情的呼唤。我们不应该让幼儿压抑自己的情感，而要珍视他们真实的情感，珍视他们爱的表达。我们不应指责他们，而是要给他们表达情感的空间，给他们提供表达和宣泄情感的机会，允许他们在想念亲人时用哭泣来表达，这是尊重幼儿、接纳幼儿、关爱幼儿、理解幼儿的行为。让我们在情感上给他们更多支持，在行动上给他们更多关爱，为他们创造温馨的精神环境，为他们的健康成长保驾护航。

（河北省高碑店市第二幼儿园　　张乃艳）

·有爱，成长就不孤单

小敏是一个乖巧、听话、胆小又敏感的孩子，不爱说话，也不爱笑。在她很小的时候妈妈就离家出走了，后来爸爸入狱了，她就一直由爷爷奶奶抚养。

2015年9月，"农村留守儿童项目"落户到我们幼儿园，小敏的家庭背景才被我们所了解。虽然她不是留守幼儿，但也缺少父母双亲的爱与陪伴。记得第一次走进小敏的家，我们看到的是一个杂乱的院子，院子里堆放着砖头，门窗油漆脱落，早已看不出原来是什么颜色。看到我们来了，奶奶和小敏连忙出来迎接。爷爷因为脑梗行动不便，慢慢从屋子里走出来招呼我们坐下。我们刚坐下，奶奶就叹了口气说："唉，总觉得对不起这个孩子，她还没有满月的时候，她妈就离开了，这孩子到现在没见过自己的妈，小时候只要一听到别人喊妈妈，她就哭着跑回来问我，我的妈妈呢，为什么我没有妈妈，她是不是不要我了。唉，我能怎么说呢，只能说等你长大了，你妈妈就回来了。"奶奶说着忍不住抹了一把眼泪。"这不，孩子慢慢长大了，别看她不多说话，可是心里什么都懂。有一次不知道听谁说的母亲节要送给妈妈礼物，她回来什么都没说，把自己关在屋子里哭了半天，谁喊都不给开门，后来自己又悄悄用卡纸做了个贺卡，藏在枕头底下。"奶奶说着眼泪忍不住流了下来。

留守幼儿和几个有困难幼儿的生活各有不同，"农村留守儿童项目"尽可能地安排了多种促进亲情交流、表达与感受爱的活动，努力改善这些幼儿的不利处境，特别注重对他们情绪情感上的安慰与补偿。

印象最深的是一次教育活动——"看不见的线"。幼儿都叽叽喳喳地跟教师交流。"孩子们，不管有多远，只要你们互相爱着对方，就一定会有一根看不见的线把你们连在一起。""老师，在南方可以吗？""当然可以。""在火星上可以吗？""当然可以，孩子们。"幼儿高兴极了，只有小敏一声不吭地坐在那儿，不知道在想什么。教师走过去，蹲下去摸着她的头问："孩子，你想连接到哪里呢？"她抬起头，怯怯地问："老师，这条线到底有多长？"教师说："互相想念的人有多远，这条线就有多长。""哦。"她不安地用手攥着衣服轻轻问："那如果有一个人不知道在哪里呢？这条线能找到她吗？"教师轻轻握住她的手说："当然，这条线会一直找到那个人，会告诉她你很想她。""可是，老师。"她抬起头，哽咽着说："如果，那个人早就忘了我呢？这条线还能找到她吗？"教师把她抱在怀里，为她擦干眼泪，温柔地告诉她："当然，孩子，只要你开开心心的，这条线就能听到你的心里话，它会越来越长，一直到你想念的那个人心里，告诉她，你很想她。""可是，"她小声地说，"我都不知道她是什么样子的。"教师捧着她的小脸，亲了亲她说："孩子，她记得你的样子啊，她知道你是最漂亮的小女孩。"她重重地点了点头，把那本书抱得更紧了。

2017 年 9 月 25 日，河北省项目负责人王惠然教授与中国教育报一行到我园进行回访，同时中国教育报进行了网络直播。其间，他们到小敏家进行了家访和慰问。

王教授听说小敏从小就没有见过自己的妈妈，爸爸也不在身边后，心疼地把小敏搂在怀里，并且告诉爷爷奶奶，不要担心，所有人都很爱小敏，都很关心她。家访结束后，园内举行了留守幼儿生日会，"感恩的心，感谢有你，伴我一生，让我有勇气做我自己……"音乐响起后，幼儿一边唱歌，一边轻轻起舞。看着幼儿的成长，台下的爷爷奶奶、爸爸妈妈都忍不住落泪，和自己的孩子拥抱在一起。

每个幼儿分到蛋糕后开心地找到自己的爷爷奶奶或者爸爸妈妈一起吃，只有小敏端着蛋糕，眼睛不停地在人群中寻找着。忽然她眼睛一亮，然后小心翼翼地穿过人群，她的脸上带着浅浅的笑容，就那样站在了王教授面前，郑重地捧起蛋糕，小心地叉起一块喂给王教授。所有的人都被震撼了、感动了，一个胆小敏感的幼儿，是有多么浓烈的喜爱之情，才能鼓起这么大的勇气，走到一个刚刚认识的人面前，去分享她那么喜欢的生日蛋糕。王教授落泪了，忍不住亲了亲她的脸。看着幼儿开心地在王教授的怀里吃蛋糕，看着她那么幸福的笑容，我们都已经热泪盈眶。

三年来，我园得到了支持园张家口市桥东区花园幼儿园的很多帮助和支持，幼儿有了巨大的变化，两个幼儿园也结下了深厚的友谊。

我园和项目园多次举行爱心传递活动。记得在一次活动中，小敏和几个留守幼儿一起到了花园幼儿园，园长和小朋友们热情地把他们请到台上。小敏代表左卫镇中心幼儿园的小朋友接过花园幼儿园的小朋友精心准备的礼物时，开心极了。音乐响起来，一个可爱的小女孩走到小敏身边，牵起小敏的手，带着她往前走了几步。看到小敏紧张的样子，小女孩给了小敏一个大大的拥抱，把小敏抱在她的怀里，轻轻拍了拍小敏的后背，拉起小敏的手一起大声唱着"我会在你身边，给你最多的感动，做什么都愿意，把我们的心牵在一起"，我们的眼睛都湿润了，所有的感动都那么猝不及防。阳光那么灿烂，我们沉浸在爱的海洋里。

2022 年 9 月，小敏升入一年级，成为一名小学生了。我们依然牵挂着小敏。国庆节后，我们去家里看望了老人和小敏。奶奶说，小敏一切都挺好的，谢谢大家关心。随后我们联系了小敏所在学校的校长和班主任，了解了小敏现在的学习状况。班主任说："小敏开朗、活泼，跟同学相处得特别好，还是老师的小助手呢。"

小敏的故事在我们幼儿园告一段落，但是我们会继续关注她的成长，关注更多留守幼儿的成长。也许这条成长之路会有坎坷，会有心酸，但是只要有我们在，只要有爱在，成长就不孤单。

（河北省张家口市左卫镇中心幼儿园　　袁志红）

·付出寸草心，收得报春晖

"爱是最美的语言，爱是无私的奉献。"爱幼儿是教师实施教育的重要前提，没有对幼儿的爱，就没有真正的教育。在多年的工作中，我会遇到来自不同家庭的幼儿。由于家庭教育不同，我们需要在幼儿园中采用不同的教育策略。近年来让我记忆深刻的是我们班的留守幼儿乐乐。

2020 年，乐乐正好被分在了我们小四班。记得第一天来幼儿园时，奶奶拉着乐乐的手走进教室，乐乐拉着奶奶的手怎么也不愿松手。当我去拉她时，她还一个劲地往奶奶身后躲。于是，我就热情地蹲下来和乐乐打招呼，抱起她来与她交流，牵着她的手去拿玩具，并邀请其他小朋友和她一起玩耍，帮她消除对陌生环境的不适应感。放学时间到了，奶奶来接乐乐了，我与奶奶进行了简短的交谈，了解到乐乐的爸爸妈妈都不在靖江，家里仅爷爷奶奶和她三人一起生活。乐乐又很少与同龄人接触，在家话也不多，再加上口齿也不是很清楚，所以不爱交流，外出后一直有点胆怯。

通过观察乐乐的幼儿园生活，我发现乐乐平时不爱和同伴交流，总是一个人坐在座位上低着头自己玩。为了让她尽快适应幼儿园生活，每天早上我都热情地接待她，放学时总是牵着她的手将她交到奶奶的手里，午睡时我抱着她哄着她入睡。平时我会主动走近她，蹲下来跟她交流。她在我的关心下一天天变得开朗起来。户外活动中，乐乐对游戏胆怯时，我会扶着她，一个劲地鼓励她，陪同她一起游戏。因乐乐平时不爱交流，我和班级其他教师商量后，决定利用放学时间多陪陪她。一天放学后，我们一起带乐乐去书店看书。乐乐刚刚坐进车里时好像还是很胆怯，一言不发。我就握着乐乐的手，一直跟乐乐聊天，让乐乐感到与老师在一起很轻松。一路上我一直和乐乐手拉手，到了书店的阅读区，我陪同乐乐一起翻阅，并耐心地讲解书里的内容，送乐乐回家前又为乐乐精心挑选了几本适合她阅读的书。乐乐带着书回到家后，一看见奶奶就举起手中的书，大声地告诉奶奶："这是老师给我买的书，我好高兴啊。"

乐乐即将大班毕业，在排练节目时她不再那么胆怯，能积极主动地参与到节目中了。最后表演时，她和同伴的精彩表演得到了家长们热烈的掌声。

（江苏省靖江市地中海幼儿园　　刘晓霞）

第四章　真情互动助亲情

·留住春天，留住爱

我们这里地处偏远山区，距县城较远，经济落后。我身边有 60％的幼儿是留守幼儿。有些父母外出后，很少关注孩子，三五个月打一次电话，有的甚至一两年才回家一次。幼儿长时间不见父母，长时间不与父母交谈，生病时没有父母温暖的怀抱，想父母的时候只能躲在被窝里哭。

如何让留守幼儿和父母加强沟通与交流，感受到父母虽然人不在身边但爱还在？如何让父母感受到孩子内心的伤痛，知道孩子身心健康成长比什么都重要，从而给孩子多一分关注、多一分重视？写信，这种传统的交流方式进入我们的视野，也成为我们的一种活动方式。

随着现代科技和通信技术日益发达，人们很少用写信的方式联系了，很多家长也觉得偶尔给家里打个电话说说话就行，但我们知道，一封纸质的书信更能表达情感，更具仪式感，是一份可以随时品读、长久保存的珍贵礼物。写信的时候，幼儿是开心的。一封父母用心写下的信，带给幼儿的是更有温度的爱。收到来信后，听着教师读信时，他们的小脸上满是开心与幸福。

因为留守幼儿的父母打工的地方分布在全国各地，很多不在市区，有的父母打工的地方不停地更换，所以刚开始寄的信很多父母没收到，我们收到的回信也很少。在这样的状态下，我们采用多种形式来开展"亲情书信"的传递：创建专门微信群、QQ 群，与每个家长添加微信好友或 QQ 好友，及时传递幼儿的书信。"为了让您的爱更有温度，请用书信为孩子的童年留下爱的痕迹！"我们发出这样的倡议。在我们的倡议下，留守幼儿收到的父母书信的数量有了明显增加。

许多父母为幼儿写下了表达不舍、无奈、愧疚和期望的话语。其中有一位家长是这样写的：

悦悦，你在家里还好吗？爸爸妈妈想你了，也非常爱你。由于工作和生活，爸爸妈妈没有足够的时间陪你度过快乐的童年，爸爸妈妈很内疚，原以为经过努力，可以给你好的生活、好的物质条件，但爸爸妈妈错了，给你什么都换不回你开心快乐的童年。对不起孩子，我们知道错了，以后我们会尽可能多地陪在你的身边，爱护你，因为爸爸妈妈真的很爱你，相信我们，你是我们的唯一。希望你每天都快乐，可以无忧无虑地成长。爱你……

虽然字不多，但是我相信这封信写出了所有爸爸妈妈的心声。

从 2019 年开始，我持续关注留守幼儿。留守幼儿的状态大都有了不同程度的改善，对爸爸妈妈有了更多的理解，知道爸爸妈妈外出打工不是不爱自己，而是为了让自己过更好的生活。不管在哪里，他们都是爸爸妈妈的宝贝。留守幼儿给爸爸妈妈写的信由原来的"妈妈，我想你"变成了"爸爸妈妈，你们辛苦了"。他们更愿意帮助别人，乐意讲自己爸爸妈妈的故事给别人听，遇到困难能主动想办法，对爷爷奶奶也少了任性，还会体贴、关心别人，独立性和自理能力也增强了。

活动的持续开展、推进，也让留守幼儿的家长感到内疚，他们认识到孩子的成长需要陪伴，于是有一部分家长将孩子带到打工的地方上学，双留守的家庭也有部分让妈妈回到家乡陪伴孩子。我为这些变化感到欣慰。

我们会继续努力，为更多留守幼儿留住春天，留住爱。

（河南省洛阳市新安县幼教中心　　王丽娟）

·爱的呵护

小敏是个典型的乖乖女，安静，腼腆，少言少语，就连在户外活动时也不会有什么大的动作，从来没给老师出过"难题"。这就是刚接这个中班时，小敏给我的印象。后来我得知她父亲在乡下务农，母亲在外地打工，日常生活由奶奶负责。虽然她不是留守儿童，但由于知道她妈妈不在身边，于是我对她有了更多的关注。

"六一"儿童节即将来临，我和主班牛老师每人负责一个文艺节目。当时小敏被分到了牛老师的小组。排练当天，牛老师给幼儿排好队形，随后开始教动作。其他小朋友都兴致勃勃地模仿牛老师，但最后一排的小敏斜着脑袋，一动不动，眼睛直视下方。我过去轻轻拍了她，温柔地问她为什么站着不动。小敏听到我问她后，头低得更深了，拨动着手指头。我接着说："老师从网上给你们买了漂亮裙子，等你们跟老师学会了舞蹈，就可以穿着裙子在舞台上跳舞了。"她的眼泪夺眶而出，用我刚好能听见的声音说："我不想跳舞。"我当时就傻了，接着问了她好多为什么，她不再张口说一句话。下午放学时，我和牛老师将这个情况反映给了小敏奶奶，小敏奶奶说回家后再多鼓励小敏。很遗憾，第二天奶奶说小敏还是不愿意跳，那就不勉强小敏了。之后，我们排练节目，小敏就在一旁安静地玩玩具。

每年"六一"儿童节，全班幼儿都会有文艺演出，而小敏总是掉着眼泪，不愿意参加。我们和小敏妈妈交流了情况，将小敏排节目时的种种反应告诉了小敏妈妈。她说她很难过，也很无奈，在外面挣了钱就是为孩子花的。可到头来，孩子的表现竟是这么不尽如人意。孩子长期和奶奶留在家里，真的不是办法……

年底，小敏妈妈随着春节返乡潮回到了家，小敏天天都由妈妈接送。很明显，无论是小敏还是她妈妈，她们的脸上每天都挂满了笑容。一天，我在一家饭馆偶然遇见小敏妈妈。她说，她回到家的几个月真的很开心，孩子也活泼了很多，但是在大城市，毕竟挣得钱多一些。她打算离开的那一天，小敏抓着她的胳膊，哭得特别厉害。一瞬间，她的心都碎了。于是她当时就下定决心，再也不离开孩子了，只要每天能见着孩子，孩子开心，身体健康，挣得少一点又有什么关系。

回想这学期的小敏，她穿的衣服干净整洁了，头发扎得好看多了，再加上我们平时的开导和鼓励，她就像变了个人。虽然她仍然是个腼腆的小姑娘，但是至少能让人看见她经常露出的笑脸和渐渐昂起的小脑袋。

记得 2017 年 1 月，留守幼儿生日会由我主持召开。小敏并不是 1 月的生日，但我想到，正逢过年，有好几位爸爸妈妈为春节而返乡，就将他们一并邀请到了生日会现场。小敏妈妈也是为过春节而返乡的一位。在这之前的一天，我发现小敏会笑了，这让我很惊奇。我蹲下来问小敏，她朝我咪咪一笑，似乎是用骄傲的语气告诉我："妈妈回来了。""哦！是吗？那太好了！"我紧接着问："妈妈回来开心了吧？"哎哟！她又不说话了。

在生日会的筹备工作中，我将几位返乡的爸爸妈妈叫到一起，交代了一些事宜，并让他们为孩子准备一些心里话，在现场大胆跟孩子说出来。因为我一直在想，他们长时间不在家，互动少，亲昵少，幼儿真的很需要家长的关怀。我想将这些感人的场面、温暖的亲情永远留在幼儿心中。

还有十分钟，生日会就要开始了，忽然有人拍了一下我的肩膀，原来是小敏妈妈。她神色有点紧张，不好意思地说："田老师，你让我给孩子准备的话我想了一下，我实在不敢面对这么多人说，我把想说的话写到了这张纸上，能麻烦您读给孩子听吗？"看着一位红着脸又写满一脸朴实的妈妈，我答应了。

到了"心里话告诉你"环节，我替小敏妈妈读了那一段话。我记得那段话很简单、很朴实，但我真真切切地被她们母女俩的举动感动了。刚开始，她们是邻座，每人一个座位。坐得端端正正。当读出小敏妈妈的心里话时，我看到了小敏泪汪汪的大眼睛。渐渐地，她将自己的小脑袋枕到了妈妈膝盖上，最后母女二人拥到一起泪眼婆娑。我强忍着眼泪，将小敏妈妈写的一段话小心翼翼地折起来装到我之前准备好的小信封中，走到她跟前告诉她，这是妈妈送给她的礼物。她接过信封，也将它拥入怀中，再次钻到妈妈怀里。

时间过得真快，又是一年儿童节，对于小敏去年的表现我还历历在目，我真担心她又说"不"。

2018年，班里节目由我负责，令我感到意外的是，没有一个幼儿说不愿意表演。一说排练节目的事，幼儿都能踊跃参加。当然，小敏也举起了她的小手，并且在整个活动中，一直情绪高涨，这才是她应有的样子。

短短一年时间，小敏的点滴变化我们和家长都看在眼里。每个孩子都需要一个成长的过程，这个过程或快或慢，但只要家长愿意为孩子改变，我相信每个孩子都会在爱的呵护下有一个丰富多彩的童年。

（甘肃省天水市清水县永清镇第二幼儿园　　田萍）

·家书互动助亲情

我们班有一个叫小钰的留守幼儿，她不是那么天真烂漫，让人感觉很成熟。通过和小钰妈妈交流我了解到，小钰自出生起就在甘谷老家生活，父母由于工作，一直生活在北京，小钰的日常由爷爷奶奶照顾，父母和小钰基本就是靠打电话和视频进行沟通，对小钰的教育重任就落在了爷爷奶奶肩上。小钰的母亲说，多数时候小钰的爷爷奶奶做事会由着小钰，对小钰特别宠爱。可是令他们欣慰的是这种宠爱并没有让小钰养成不好的习惯，反而使小钰早早懂事了。

刚上幼儿园的时候，小钰每天都很高兴，从来没有哭过。小钰说滑梯是她最爱玩的，她每天都和小朋友玩得很开心。可能是从小由爷爷奶奶照顾的原因，父母外出打工对小小的小钰并没有什么影响，她还是跟往常一样高兴、快乐。父母打电话时总会问："今天你们学了什么，跟爸爸妈妈讲讲吧。学了什么歌，给我们唱一唱。""今天在学校里吃的什么?"小钰的妈妈说刚开始给她打电话的时候，小钰还愿意和他们聊天，但是到了后来小钰就不愿意说了，有时候直接就不接电话了，并且在问到想不想爸爸妈妈时，小钰总是沉默不语。其实，父母也知道小钰怎么会不想他们呢，只不过由于长时间外出打工，小钰的潜意识里对父母的概念很模糊，有时候小钰也知道即使自己想爸爸妈妈，爸爸妈妈也不能回来陪她，所以就不说话了，也不知道说什么。

我意识到了留守幼儿对父母爱的渴望，于是通过亲情家书的方式，让留守幼儿给自己的爸爸妈妈写信，让留守幼儿在信里告诉爸爸妈妈自己很爱他们。我们也通过讲绘本故事的方式来感染幼儿，让幼儿意识到虽然爸爸妈妈不能时时刻刻陪伴在自己身边，但是爸爸妈妈其实是很爱自己的。

在教师们的共同努力下，小钰有了很大的变化。她的妈妈高兴地告诉我："小钰现在特别愿意和我们分享幼儿园发生的有趣故事，而且在幼儿园里也学会了很多知识，还主动给我们背儿歌。有时候还主动当起了小老师，让我们跟着她学唱歌，一遍一遍地教，很有耐心，很有小老师的模样。感觉孩子长大了，她的表现让我们很高兴。"

作为一名幼儿园教师，我无力改变留守幼儿这一社会现象，但是我能用自己微薄的力量，在园里陪伴他们玩游戏，照顾他们的生活，做家长和留守幼儿沟通的桥梁，让留守幼儿和家长心贴心地交流，把留守幼儿当作花园里的花朵，让他们尽情绽放在和煦温暖的阳关下，健康、快乐地成长。

（甘肃省天水市甘谷县六峰镇中心幼儿园　　黄瑾）

· 三读家书

"家书传情"活动是我们开展"农村留守儿童项目"的一种形式，我们引导家长利用书信的方式与幼儿互动。

小诺是我园中班留守幼儿中的一个，父母都在外地打工，从小跟爷爷奶奶一起生活。小诺第一次收到妈妈的信时特别开心，迫不及待地叫奶奶读信给她听。可当奶奶读到一半时，小诺就"呜呜"地哭了起来。奶奶心疼地看着小诺，也忍不住掉下了眼泪，紧紧地把小诺抱在怀里说道："小诺，别哭了，咱不读了。"

一连几天，小诺再也没提读信的事。有一天放学回到家，她突然对奶奶说："奶奶，再把妈妈的信读一遍好吗？"奶奶不想再看到孙女伤心，就拒绝了她，小诺拉着奶奶的衣角央求道："奶奶，再读一遍嘛，这次我保证不哭了。"经不住小诺一再请求，奶奶心软了，拿出信又给她读了起来。小诺静静地坐在奶奶身边，小眼睛眨巴眨巴地看着奶奶，认真地听着，好像看到妈妈从信里走了出来，把她紧紧地抱在怀里。读完信，奶奶把信放在桌子上就去做饭了。喊小诺吃饭的时候，奶奶发现她手里拿着妈妈的信，坐在窗户下面的小椅子上偷偷抹眼泪。奶奶蹲下身来，抚摸着小诺的头，说："孩子，又想妈妈了吧？"小诺看到奶奶，赶紧擦干眼泪说："嗯，想妈妈了。"小诺怕奶奶看到她哭，以后再也不会给她读信，赶紧说道："但是奶奶，我、我可没有哭啊。"奶奶安抚她说："奶奶知道你想妈妈了，其实妈妈也是想你的，但是妈妈为了让你过上更好的生活，不得不去外地打工挣钱。"小诺很懂事地对奶奶说："奶奶，我知道爸爸妈妈都很辛苦，等他们回来了，我给他们捶捶背。"听了小诺的话，奶奶欣慰地把小诺抱在怀里说道："我的小诺长大了。"

从那以后，小诺只要想妈妈了，就叫奶奶把信拿出来读给她听。每次读信，她都表现得很乖巧、平静，但是眼睛里依然流露着对妈妈的思念。我们的亲情家书不仅仅是一封信，更是对思念的寄托，对爱与温暖的传递。一封信，承载了情感宣泄、亲情表达的使命，促进了亲子交流和互动。

自"农村留守儿童项目"系列活动开展以来，尤其是"亲情家书"活动开展以来，随着家书对亲子之情的不断传递，小诺就像找到了情感寄托，心里踏实了，每次收到妈妈的来信都会跟教师报喜。其他的留守幼儿也在我们开展的各种活动中，感受到了爸爸妈妈对他们的爱和牵挂，体会到了爷爷奶奶、爸爸妈妈和他们之间浓浓的爱。

（河北省定州市城旺中心幼儿园　　魏静）

·看不见的线，看得见的爱

之前，留守幼儿是一个只在社会新闻里听过的名词，后来，由于"农村留守儿童项目"的开展，我和这些留守幼儿以及亲情缺失的非留守幼儿紧紧连在了一起，也让我有机会更加深入地了解他们、走近他们。

开展项目工作一年多的时间里，有不少让我难忘和感动的事。记忆尤为深刻的是那次《看不见的线》绘本教学活动。在我的固有印象里，幼儿大多对这种抽象的事物很难体会，但是他们给了我莫大的惊喜。当我们一起阅读绘本时，幼儿的小眼睛中仿佛都是期待的目光。他们把那根"隐形线"郑重其事地放在手心，还争相告诉我"我妈妈和我都有隐形线，我和我爸爸也有隐形线"。突然，我注意到坐在旁边的希希一声不吭。活动结束后，我找希希聊天："你刚刚怎么不说话呢？""我妈妈跟我都没有线。"她有点垂头丧气，也不看我。希希一直是班上心理比较成熟的孩子，上小班的时候爸爸妈妈就离婚了，爸爸再婚后住在外面，奶奶留在家里照看希希。我知道她是看其他小朋友都在说自己的妈妈，而她和妈妈很长时间没见了，心里未免有些难过。我安慰她："就算很长时间不能和妈妈在一起，还是有隐形线把你和妈妈连在一起的，你把口袋打开，我这就把隐形线给你。"她打开口袋，又特别小心地合上，仿佛装进去的是她小小的心愿。

接到希希奶奶的电话已经是晚上了。"希希回来就要跟她妈妈视频，发了几次没接，娃难过地直哭。"我一听也着急了，告诉奶奶快把电话给希希，我来跟她说。电话里希希说："刘老师，我没有隐形线，妈妈也没有。"我听了这话更加心疼她："怎么会呢，一定是距离太远了，隐形线还没有伸过去呢，你不要着急，很快就传达到了，你先睡一觉，明天可能就到啦。"希希是真的相信有隐形线，她迟疑了一会儿，想从我这里得到肯定："真的吗？""真的！"我语气坚定。挂了电话我马上打电话给希希妈妈："希希很想你，她今天给你发视频你没有接到，她情绪有点受影响，我希望你以后和她每星期至少视频一次，这样孩子会很开心的。"希希妈妈听了这话忙向我解释："不是我不接娃电话，我也是下班后才看到，我也想她，我这就给她回过去，你也知道我们这情况，我家这情况实在是……"我也确实能感觉到希希妈妈的无奈和身不由己。"希希快过生日了，要是你能在她生日回来看看她最好了。"后来我又和她交流了希希的在园情况，希望她在条件允许的情况下多给希希打电话。可是希希生日她会回来吗？我也和希希一样满怀期待。

早上刚来，我就看到了满脸欢喜的希希。她趴在我耳边说："刘老师，我告诉你，真的有隐形线，妈妈早上打电话叫我起床啦，还说她很想我，很快就会来看我的。"我心里也很高兴，伸出手臂抱抱她，并说："快让刘老师也来分享你的开心。"接下来的时间里，希希奶奶跟我说每周希希妈妈都能打两三次电话过来，希希特别高兴，跟妈妈也亲近了许多。我也和希希成了好朋友。她会经常跟我分享她的小秘密。希希终于越来越开心了，真好！

在希希生日那天，她妈妈真的回来了。手机传来了希希妈妈发过来的照片，妈妈抱着希希切生日蛋糕。看着她满脸幸福地依偎在妈妈怀里，我心里感慨万分，童年有爸爸妈妈在身边多么幸福，但是这对和希希一样的留守幼儿来说是有些奢侈的事。好在我们能有意识地让这种遗憾减少一点。随后手机里传来希希妈妈的语音消息："谢谢老师对希希的照顾，希希还说刘老师会给她扎漂亮小辫，放学会给她擦香香呢，谢谢老师。"我当然开心，因为希希越来越开心。

（陕西省西安市临潼区铁炉中心幼儿园　　刘阳）

·妈妈，回来了

"我爱你，妈妈；我舍不得你，妈妈；我想你，妈妈。"最甜蜜的话语，最稚嫩的声音，都寄托着薇薇对妈妈的思念。

还记得薇薇上幼儿园的第一天，个子小小的她满地打滚，撕心裂肺地喊着"我要奶奶，我要奶奶"。我把她抱在怀里，轻轻安抚。那一刻，没有安全感的薇薇如树袋熊般挂在我身上，让我极为心疼。

通过家访我得知，薇薇的爸爸妈妈都在广州打工，很少回家。每次和妈妈分别的时候，她都会哭嚷着："我要妈妈，妈妈不走。"渐渐地，奶奶成了她的依靠。薇薇在家醒后第一句话就是"我要奶奶"。在幼儿园午睡时，她总爱拉着我的手，说道："老师，你陪我睡。"我轻轻抱着她，让她枕在我的腿上。即使睡着了，那双小手也紧紧地抓着我的手。

开学后第一个星期五的下午，我接到了薇薇妈妈从广州打来的电话，电话那端满是藏不住的担心。她急切地询问薇薇第一次上幼儿园的情况：哭得厉害吗？吃饭怎么样？睡觉怎么样？隔着屏幕我都能感受到她内心的担忧。

我努力在建立亲情联系方面多做些事情。

在亲情家书"我爱妈妈"教学活动中，我分享了妈妈的来信，薇薇的脸上露出了灿烂的笑容。我鼓励她用花和叶子粘贴成卡片寄给妈妈。妈妈收到后第一时间联系了我，不停地对我说"谢谢"。

薇薇妈妈通过 QQ 发来了关心薇薇近况的信息。平淡的语句难掩对薇薇深深的关爱。通过和薇薇妈妈的沟通，我了解到她也处在愧疚和生活无奈的矛盾之中，但薇薇妈妈说她会尽快回到孩子的身边。

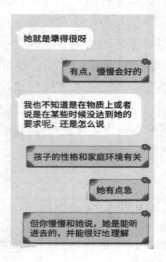

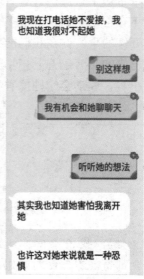

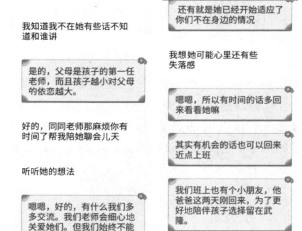

开展母亲节"视频送惊喜"活动时，薇薇大胆举手要参与。当视频接通时，母女俩都笑了，薇薇不好意思地说："妈妈，祝你节日快乐，我爱你。"妈妈红了眼眶，大声回应："宝贝，妈妈也爱你。"

妈妈，节日快乐☺

在进入幼儿园半年的时间里，薇薇逐渐适应了幼儿园生活。早上入园她会主动松开奶奶的手，开心地和我问好，然后回到位置和小朋友分享玩具。她会和我聊天，告诉我一些家里有趣的事情。想妈妈的时候，她也会委屈地跑过来要我抱抱。

突然有一天，薇薇开心地跑过来，激动地向我介绍："老师，这是我的妈妈，以后妈妈每天都来接我。"她脸上洋溢的笑容，让我感受到了幸福。在一次班级交流会中，薇薇妈妈告诉我，她觉得薇薇进步了很多，遇见邻居会主动打招呼，回家也爱帮助他们做家务。这些成长中的变化让妈妈懂得，原来孩子最在乎的是父母的陪伴。

在"'六一'亲子手工"活动中，薇薇和妈妈一起制作了漂亮的毛线花瓶。她自豪地和小朋友们分享："这是我和妈妈一起完成的。"薇薇自信的声音中，传达着有妈妈陪伴的满足感和幸福感。

爸爸妈妈在哪儿，哪儿就是孩子最快乐的地方。每个孩子都值得被宠爱，他们是父母的未来。愿父母用陪伴来爱自己的宝贝，让爱和温暖天天住在家里。

（重庆市武隆区江北幼儿园　　陈美先）

·陪伴孩子，静待花开

孩子是上天馈赠给父母的最好的礼物，把最宝贵的东西给予孩子。这句话一直萦绕在我的心间。作为一位漂泊在外的打工者，我曾无数次地反问自己：你爱孩子吗？你陪伴孩子成长了吗？一直以来我都把对孩子的眷念和愧疚深深地埋藏在了心底。

自鑫鑫3岁起，我和鑫鑫爸爸就常年在外打工，鑫鑫一直由爷爷奶奶在老家照顾。2017年9月，鑫鑫进入了白沙幼儿园小二班，孤独、任性让他在班上成了一个隐形人，上课时、游戏时、区域活动时，他都是单独行动，从不与人交流。"你们家鑫鑫不太与人交流，做什么事都是独来独往的，作为家长，你们要多抽点时间陪孩子聊聊天。"王老师和蔼可亲地说。当王老师向我反馈孩子的表现时，我感到非常自责和愧疚。我知道是父母的不尽职给老师增添了麻烦。

常年在外打工，我们对孩子的学习和生活照顾得很少。幼儿园老师通过书信、视频、QQ等让我们了解了孩子在幼儿园丰富多彩的活动，一封封生动有趣的亲情家书、一次次传情感人的亲情聊天、一张张生动形象的亲情图片、一次次温馨快乐的集体生日会、一次次其乐融融的亲子活动在我和鑫鑫之间架起了沟通的桥梁。

每个月王老师都会联系我，要我和鑫鑫视频聊天。每次我都充满了期待。鑫鑫因为内向，所以从不主动接我们的电话。有了这个任务，我们和孩子之间的沟通应该会多一些吧。第一次视频聊天时，王老师把镜头对着鑫鑫，温和地对鑫鑫说："鑫鑫，叫妈妈。"可鑫鑫不耐烦地说："不！不！不！"一转身就跑开了。当时我的内心感到揪心地疼，可能是我与孩子接触太少，孩子对我感到生疏。第二次，在王老师的鼓励下，鑫鑫坐在镜头前一言不发。"鑫鑫，妈妈给你买大汽车，给你买新衣服。"无论我说多少好话，他都无动于衷。那一夜，我又失眠了，我拼命挣钱就是为了孩子，给孩子买玩的、穿的，可孩子却不买我的账，难道这种爱有错吗？第三次、第四次、第五次、第六次……鑫鑫拿着自己做的项链，终于开口了："妈妈，我做的项链送给你，妈妈，我想你。"鑫鑫简单、朴实的话语透出了对我深深的思念，这种思念在我们的聊天中一次比一次强烈。"宝贝，对不起，妈妈要工作，让你过上好日子，妈妈不能陪你。"这句话从我口中说出后，我就后悔了，我是不是太自私了？明明是为了挣钱把亲爱的宝贝留在家里，却故意找一个冠冕堂皇的理由说是为了给孩子创造快乐的生活，试想一下，孩子真的快乐吗？作为留守幼儿的妈妈，我是不是应该多走进孩子的内心，多聆听孩子的心声，多陪陪孩子，多想一想孩子最需要的是什么？

2017年春节，我做了一个决定，那就是选择回家找工作，哪怕收入少一点也没关系，只要孩子快乐就行。2018年的妇女节活动，是我陪孩子参加的第一个亲子活动。当鑫鑫亲自把大红花带在我胸前时，当他和我一起参加亲子游戏"袋鼠跳跳跳"时，我看到鑫鑫笑了，笑得那么甜，此时我感觉我是世上最幸福的妈妈，我感觉现在的我是最富有的，比过年时领到工资都开心。原来母子之间浓浓的亲情才是世界上最宝贵的财富，我要好好珍惜它，要抓住它永不放手。于是，幼儿园的每一次活动，我都积极参加，一有闲暇时间就陪伴孩子，在王老师和我的共同努力下，点点滴滴的关爱如春雨滋润着孩子的心房。鑫鑫变了，从寡言少语到主动与我热情交流，从任性到懂得谦让，从以自我为中心到懂得感恩。我感到非常欣慰。

春夏秋冬，斗转星移，鑫鑫在老师、父母的关爱下一天天成长进步。一个热情的拥抱、一个信任的眼神、一句关爱的话语、一次悉心的陪伴对孩子来说都会是寒冬里温暖的阳光。有了父母的陪伴，孩子的成长才会变得精彩。

（重庆市江津区白沙幼儿园程肖宁家长　　龚治勇）

·重要的日子不错过

新学期开始了，我们班的幼儿都升了中班。一个星期后，有一个叫小泽的小朋友来到我们班上，他已经4岁了，但从来没有上过幼儿园。他对这里的一切都是陌生的，抵触情绪非常严重，不愿意和其他幼儿一起玩耍，而且经常无缘无故动手打别人。

有一次，一个幼儿哭着对我说："老师，小泽咬我。"于是，我马上跑过去询问小泽，可他低着头一句话都不说，我就想托起他的脸，希望他能看着我，谁知他扭头过来就开始咬我的手。当天下午放学的时候我和他的爷爷说起他在幼儿园的事情，爷爷告诉我小泽以前是一个很可爱、很懂事的孩子，自从他爸爸妈妈开始吵架闹离婚后，他就变得暴躁了，现在他爸爸妈妈都去城里打工了，他更是像变了一个人。通过和爷爷的这次交流，我明白了小泽是因为缺乏安全感才会这样的。

早上，幼儿一到幼儿园就选择了自己喜欢的区角活动，和其他小朋友一起玩耍。小泽一个人在益智区玩拼图，可怎么也拼不上，于是他就开始搞破坏，把所有的拼图卡都倒出来撒了一地。这时我并没有去制止他，也没有批评他，而是让小宇(班上另一个小男孩)帮小泽捡起了地上的拼图，然后和小泽一起玩。看到小泽一副拒人于千里之外的表情，小宇一边主动地牵起他的手，一边说："小泽，我想和你一起玩拼图。"小泽嘴上虽然没有答应，但还是和小宇一起拿着拼图卡趴在桌子上拼了起来。在小宇的带动和帮助下，小泽这一次拼图做得非常顺利，最后他们合作完成了一幅拼图。小泽看着自己完成的拼图，嘴角露出了笑容。

在平时的游戏活动中，我也给他更多的关注与鼓励，经常和他聊天。我的陪伴让他卸下了防御，他开始对我有了一些信任和依赖。为了让他能经常感受到来自父母的关心和疼爱，我还让他和父母视频。视频时虽然只是简单说几句话，但是我能感受到他看到爸爸妈妈时的那份喜悦。在这份喜悦的浸润下，小泽慢慢地愿意和小朋友交往了，能够融入集体生活，有时也愿意和小朋友一起玩耍，但他的脸上始终缺少那种童真的欢笑，始终是一副心事重重的样子。

在一次班级生日会上，幼儿都高兴地唱着生日歌，吃着蛋糕，只有小泽埋着头，情绪非常低落。于是我走过去，蹲下来问他："你为什么不吃蛋糕啊?"他轻轻地说："我马上也要过生日了。"我说："那很好啊，到时候老师和小朋友陪你一起过生日。"他委屈地说："可是我也想让爸爸妈妈陪我一起过。"听到这话，我的眼睛湿润了，一把抱住他安慰说："小泽这么听话可爱，爸爸妈妈会回来陪你过生日的。"小泽轻轻地点了点头。

之后我和小泽的爸爸妈妈通了电话，告诉他们小泽在幼儿园里的表现，他们这才意识到自己给小泽心灵上带来的伤害。和他们商量后，我们决定给小泽一个惊喜，满足小泽的生日愿望。

这天是小泽的生日，他是噘着嘴来幼儿园的。我故意问他："今天是你的生日，你怎么不高兴啊?"他说："爸爸妈妈不能回来陪我过生日。"看着他那伤心的样子，我还是忍住了，没跟他说爸爸妈妈会在生日会上出现。我吁了一口气，笑着对他说："开心点，老师为你准备了生日蛋糕和惊喜哟！你有什么生日愿望啊?"他低头说："我就想让爸爸妈妈陪我一起过生日。"对于大多数幼儿来说，这是一件简单的事情，可对于小泽来说，爸爸妈妈的陪伴就是他最大的生日愿望。我说："小泽，我们在点上生日蜡烛的时候你就许下自己的愿望吧，老师相信小泽的愿望一定会实现的。"

下午，我推着生日蛋糕来到教室，幼儿看到生日蛋糕，都非常高兴。我们一起为小泽唱了生日歌。当小泽闭上眼睛许愿时，我带小泽的爸爸妈妈进到了教室。小泽一睁开眼睛，他的爸爸妈妈齐声说："宝贝，生日快乐！"小泽看见爸爸妈妈突然出现在面前，高兴地大喊爸爸妈妈，一下子扑进了他们的怀里，一家人相拥在一起。小泽脸上露出了灿烂的笑容。之后我给小泽他们一家拍照留影，还邀请小泽的爸爸妈妈和小朋友们一起玩游戏。那真是一个愉快的下午。放学时，小泽在我耳边悄悄对我说："老师，谢谢你！"然后就跑了，到门口大声跟我说了句再见，拉着爸爸妈妈的手回家了。看着小泽脸上的笑容，我感到非常满足。

第二天，小泽蹦蹦跳跳地来到幼儿园，高兴地拉着我的手对我说："爸爸妈妈给我买了新玩具，还说每个星期都会回来陪我。"说完还露出了得意的笑容，好像在向全世界炫耀他的爸爸妈妈有多爱他。

在之后的日子里，我们看到的是一个自信、懂事的小泽：上课能积极回答问题，和小朋友们相处得很融洽，明显地比以前开心快乐了。小泽的变化让我深刻体会到，父母的陪伴才是孩子最好的生日礼物。

小泽一系列的变化让我觉得以后应该多和家长交流，为孩子和父母搭好亲情的桥梁，让那些即使在远方的父母也能随时把爱传递给孩子，因为父母的爱才是对孩子最安全的守护。

（重庆市合川区肖家镇中心幼儿园　　杨秋月）

·共同努力助成长

涵涵今年 4 岁了，每天总是干干净净、整整齐齐的，在幼儿园总是面带微笑，非常有礼貌。听涵涵奶奶说她在家很乖，爸爸妈妈常年在北京打工，爷爷奶奶在家种点地，接送涵涵上学，还带着刚 2 岁的涵涵弟弟。涵涵也知道照顾弟弟，让两位老人很省心。

可是时间久了，我总感觉哪儿不对。她不像别的幼儿有时撒娇，有时哭闹，她总是面带微笑，很少有别的情绪外露。这样过分懂事反而让人感觉少了点孩子气。

国庆假期结束后开学第一天，大部分幼儿已经来了，我却不见涵涵。是不是妈妈带她去了北京没回来？我正想给涵涵奶奶打电话时，听到外面撕心裂肺的哭喊声："我不上学！我不上学！我也要去北京。"原来是涵涵妈妈来送她，她抱着妈妈的腿边哭边喊，一点也不像平时听话的涵涵。不管我说什么，她都听不进去，就是抱着妈妈哭。没办法，妈妈只好把涵涵带回了家。第二天，涵涵跟着奶奶来到幼儿园，眼睛红红的，依然什么也不说，只是哭。奶奶解释说："昨天妈妈走了，孩子是哭着睡着的，孩子跟我在家时很乖巧，妈妈一回来就淘气得不行，怎么妈妈回来还不如不回来呢？"我突然明白了——原来孩子的乖巧懂事都是在压抑自己的真实感情，只有在妈妈那里才能真正释放自己。

正好我们的"农村留守儿童项目"需要教师和家长进行沟通，为家长和留守幼儿搭建亲子交流的平台。借着这个机会，我深入地和涵涵妈妈进行了沟通，得知涵涵妈妈平时打电话经常这样说："爸爸妈妈不在家，要听爷爷奶奶的话，要不爷爷奶奶就不喜欢你了，也记得照顾弟弟，要有姐姐的样子。"涵涵小小的年纪就记下了：如果不听话会讨人厌，爷爷奶奶会不喜欢。所以她一直努力装成别人喜欢的模样。之前她的种种表现，终于有了答案：一个刚 4 岁的孩子，因为妈妈不在身边而不敢表达自己的真实需要，努力要做别人眼中的乖宝宝。我的心被狠狠地揪了一下。

接下来我们几位教师根据"农村留守儿童项目"的要求和宗旨，与涵涵的家长进行了深入交流，初步制订了个别方案来打开涵涵的心结，让涵涵恢复4岁孩子应有的状态。

首先是改变亲子交流方式，爸爸妈妈尽量多回来看孩子，实在脱不开身就多打电话或者视频、写信，多表达思念之情，多让孩子说心情，理解孩子的情绪和需求，少提要求，少说教。

其次是我们多与涵涵聊天，给涵涵讲故事，多观察，来替代性地补偿她的情感需求。在征得家长的同意后，每周末我会带涵涵回家和我儿子一起玩。其间，我用儿子和爷爷奶奶相处的情景来引导她："你看老师上班以后，小弟弟就和爷爷奶奶在家玩，他天天玩得可开心了，有什么想法都会告诉我，你有什么事也可以及时告诉妈妈呀。"

因为担心涵涵跟妈妈打电话会情绪失控，我提议可以帮她给妈妈写信。涵涵在信里说："今天我住在了老师家，奶奶是知道的，现在我和老师还有小弟弟睡在一张床上，你什么时候回来呀？我想你和爸爸啦，你们什么时候回来呀？上次你说要带我和弟弟去吃好吃的，你们到底什么时候回来呀？"涵涵反复问"你们什么时候回来"。当时我的心在流泪，写信的手在发抖。第二天我带涵涵去吃了好吃的。涵涵说："以前妈妈也带我来过这儿，我和弟弟玩得可开心了。"涵涵终于露出了开心的笑容。

事后，涵涵打电话把我们相处的过程告诉了妈妈，妈妈有所感触，每次放假都会把孩子接到北京。陪伴虽然是短暂的，但是带给孩子的快乐是无限的。

我们虽然不能大幅减少留守幼儿的数量，但是能为他们做些补偿性的事情。我们虽然不能取代妈妈在他们心中的分量，但是能为他们得到更多的爱增加分量。让我们用实际行动，为孩子"留"下快乐，"守"住纯真。相信通过我们的共同关注和耐心呵护，这些孩子不再压抑自己的内心世界，勇敢表露情感、释放自己，在泪水和欢笑中健康成长。

（河北省邯郸市肥乡区河头堡幼儿园　　　刘雪芳）

·爸爸的爱，特别的爱

小杰的爸爸常年在外地打工，很少回家。因为目前农村孩子的父母外出打工的现象较为常见，所以我也没太在意。但是通过一件事情，我看到了爸爸在孩子成长过程中的重要性。

一次教学活动"我爸爸"中，需要请幼儿带来自己小时候的照片，然后让幼儿将小时候的照片和长大了的小朋友配对。当轮到小杰的时候，她怎么都找不到自己。没办法，我只好将她和爸爸的照片拿出来（因为爸爸总不在家，拍的亲子照也少，奶奶只好选了一张她小时候和爸爸的合照带到幼儿园），问她："这个是你吗？这个是不是爸爸呀？"没有想到她思索了片刻之后突然大哭起来，喊道："这不是我的爸爸，我的爸爸不是这样的。"我们都被她突如其来的哭声吓到了。我赶紧跑去安慰她，直到她恢复平静。之后一整天我们都没在她的面前提起这件事情。

下午放学送幼儿时，我与班级教师特意将小杰的妈妈叫到一旁，把今天发生的事情详细叙述了一遍。她听完后很伤心，却也无计可施。回到家后她与小杰谈论了今天在幼儿园发生的事情。小杰说："我把那个照片扔在地上，用脚使劲地踩。"妈妈又将这件事情告诉了远在外地打工的爸爸，坚强的爸爸也忍不住难过起来。第二天早上，妈妈惆怅地将昨晚小杰的表现和与她爸爸的谈话告诉了我，说孩子爸爸也很纠结自己的选择到底是对是错，当时外出打工主要想让家人和孩子都能有更好的物质生活，却没想到这几年下来，他错过了一个真正当爸爸的机会，想见证孩子成长简直就成了一种奢望。但受工作性质所限，不是自己想回就能回的，有时工作特别忙，连打个电话的时间都没有，他就特别后悔当初的决定，可是"开弓没有回头箭"，现在只希望能够多申请些假期陪陪家人。

经过这件事后，妈妈说她与爸爸的关系越来越生疏，爸爸来电话也不接，一开视频就直接跑开了，这着实让爸爸很伤心。看到小杰妈妈无助的眼神，我们觉得必须得做点什么了。于是我们找家长一起商量了几个办法：第一，妈妈和奶奶多讲一些爸爸和孩子小时候的趣事，加深小杰对爸爸的了解；第二，妈妈可以抽空带孩子去看看爸爸，爸爸有空也常回家看看，要坚持和小杰沟通，加深父女感情；第三，教师也要积极与小杰沟通，让小杰慢慢接受爸爸、理解爸爸。慢慢地，小杰见到爸爸的照片不再那么激动了，视频时也主动和爸爸交谈了。就在几天前，我问她爸爸是不是快回来了，她高兴地说："是啊，爸爸还会给我买漂亮的新裙子呢。"

小杰的事情让我深刻感受到教育的过程中不能没有父亲的参与。父亲与母亲在孩子的成长中都是非常重要的，父亲在教育孩子时有很多事情是母亲难以替代的。父母在家庭教育中各有优势，母亲偶尔也要放手，根据个人家庭情况让父亲多照顾孩子。父亲更要主动参与教育，这样做除了能让孩子变得更优秀外，也能令家庭关系更和睦。

（陕西省西安市雁塔区高新文理幼儿园　　薛婷）

·嘉嘉转学了

嘉嘉是个害羞、听话的小男孩，每天早上他都和爷爷慢悠悠地散步到学校，双手背后像个小老头。走到我面前的时候，他会害羞地冲我说"老师早上好"。

第一次做"农村留守儿童项目"，是和家长视频。因为嘉嘉很听话，所以我安排他第一个和妈妈视频。在视频前我也和嘉嘉沟通过，告诉他要和妈妈视频，他很开心地答应了。可是没想到，当视频接通的那一刻，原本开心的嘉嘉看到妈妈一下子就委屈起来，也不说话，一个劲儿地掉眼泪。妈妈问了他在学校怎么样，中午吃的什么饭，嘉嘉在妈妈的关怀中越发控制不住情绪了。没办法，我先让其他教师把嘉嘉带到一边，然后我和嘉嘉妈妈聊了一会儿，才知道嘉嘉妈妈一般是一到两周回来看嘉嘉一次，原本这周该回来了，却因为大雪封山，没能回来陪嘉嘉。嘉嘉快三周没有和妈妈近距离接触了，视频时一见到妈妈，情绪就有些失控。

在安抚了嘉嘉的情绪之后，我们第二次和嘉嘉妈妈开了视频。这次嘉嘉虽然也有掉眼泪，但是已能和妈妈做一些简单的沟通了。我们以为视频过后，这件事情就结束了，没想到第三天的早晨，嘉嘉妈妈送嘉嘉来上学，一向乖巧的嘉嘉在被妈妈送来之后不愿意和妈妈分离。我们把嘉嘉带进班，他也不和其他小朋友玩，就一个人偷偷掉眼泪。我和嘉嘉妈妈沟通后了解到，因为下雪，山上封山了，没有通车，她回不来，在和嘉嘉视频时，看到嘉嘉情绪不好，昨天通了公交车，她就赶紧请假回来看嘉嘉了，现在还要赶早班车去上班。那一刻，我更加觉得做"农村留守儿童项目"的重要性了。可能我们的一个电话、一个视频，就能让幼儿多见父母一面，让幼儿和父母的感情加深一点。这让我觉得很有成就感，也让我更愿意去为这些幼儿做一些事情。

　　更值得庆祝的是，经过我们不断与嘉嘉妈妈交流嘉嘉在幼儿园的情况，嘉嘉转学了。嘉嘉的父母把嘉嘉接到了他们的身边上学。嘉嘉妈妈说，孩子跟着自己上学，他们可能会累一点，苦一点，但是为了孩子健康成长，和孩子拉近距离，她还是愿意把孩子接到他们身边。最后她说："嘉嘉老师，谢谢你。"我想我要谢谢这个"农村留守儿童项目"，它让我知道了如何去关心这些幼儿，如何走进这些幼儿的世界。我能为他们做一些事情，很开心。

（河南省济源市实验幼儿园　　常小利；

河南省济源市下冶镇第一中心幼儿园　　李雅文）

第四篇
成长个案：沐浴阳光，快乐成长

有人说，童年的快乐是人一生幸福的蓝本，拥有快乐的童年才会拥有未来幸福的人生。快乐、幸福的童年从哪里来？父母和家庭是最主要的来源。因为孩子爱父母，父母是孩子的依靠，家庭是孩子的保护所和避难所。所以，依偎在父母怀里的孩子，是幸福的。

　　相关研究表明，幼年亲情缺失对儿童的心理健康影响很大。调查研究结果也发现，与非留守幼儿相比，留守幼儿表现出更多的孤独、自卑、回避等行为倾向，也有少数留守幼儿甚至会乱发脾气，有攻击性行为，有仇恨心理。那些虽然不是留守幼儿，却因种种原因与双亲分离或与妈妈分离而缺少父母关爱的幼儿，因亲情缺失，也与留守幼儿有类似行为表现和心理特点。更深入细致地留意和了解这些幼儿的行为表现和内心需求，给予他们一对一的情感支持、有针对性的引导与帮助，有利于他们健康成长。

　　从本篇幼儿成长个案中，我们看到了一个个情感丰富而又需求不同的孩子。了解每个孩子的故事，也让我们感受到每一个留守幼儿和亲情缺失的幼儿的内心远比我们想象的更加复杂，更加敏感。因此，促进他们健康成长需要更加小心谨慎，要接纳和尊重他们的不同表现，深入了解和用同理心去理解这些幼儿感情和行为背后的复杂原因，站在他们的视角去理解、关心和安抚，在此基础上，予以适当（适合年龄特点和个体差异）的教育支持和引导，即按照接纳和尊重—了解和理解—关心和安抚—支持和引导的路径，帮助他们获得快乐童年生活。

　　在项目园接触到的3—6岁留守儿童和亲情缺失的幼儿中，因长期与父母分离或与母亲分离，比较多的幼儿表现出自卑、回避的行为倾向，如不愿意和别人说话；有的幼儿还在语言表达方面表现出不同程度的发展滞后，不愿意或不会和同伴交往、共同游戏；有少部分幼儿表现为超乎寻常的隐忍、懂事，出现了该年龄阶段本不该有的心理和行为特点；还有一些幼儿更加复杂，存在多种问题叠加的情况，如不会交往，脾气不好，在家和在幼儿园的表现完全不同，能力弱但占有欲强，想妈妈又恨妈妈等。正像教师所说的，每一个幼儿都让人心疼，他们的内心承受了远比我们想象的要多的压抑和负担。每个案例中的教师都努力走进幼儿的内心世界，以了解他们特有的情感和发展需求，给予他们尽可能多的关心、安抚和爱护，支持和引导他们重建积极的自我，使他们建立对自己的信心，激发他们对生活的热情，通过积极交流发展语言表达能力，在日常生活、游戏和与同伴的交往中发展沟通能力，更好地融入同伴活动，提升接纳和应对消极情感的能力。

帮助幼儿重建积极自我。幼儿的积极自我主要表现为有自尊心和自信心，相信自己是有能力的、重要的、成功的和有价值的。自尊自信是幼儿积极自我评价和体验的表现。我国心理学者的研究发现：儿童自我情感发生的年龄是在 4 周岁；学前儿童对社会情感的自我体验随年龄增长而逐渐丰富，并有一定的顺序性，同时自我体验又表现出易受暗示的特点；父母对子女的接受、温情和理解与儿童的自尊之间存在着显著的正相关；儿童与同伴关系的亲密程度及儿童为其同伴所接受的程度影响着儿童自尊的发展，那些与同伴关系密切、同伴接受性高或对同伴关系较为满意的儿童往往具有较高水平的自尊；教师也是儿童生活中的重要他人，特别是对留守幼儿和亲情缺失的幼儿来说，教师有时具有"母亲替代"的作用，教师对儿童的期望、与儿童的沟通方式和相处模式对儿童的自尊发展有着重要影响。① 因此，帮助那些有自卑、退缩、回避等行为倾向的幼儿重建积极自我，无论是家庭还是幼儿园，都需要营造关心、接纳、温暖的情感氛围，让他们得到来自家长、教师和同伴的积极评价和暗示。

支持幼儿积极表达与交流。幼儿的积极表达与交流主要包括积极表达表现和积极交流交往两个方面，涉及语言和社会两个领域的学习与发展。对于留守幼儿和亲情缺失的幼儿来说，无论是在家里还是在幼儿园，无论是和家庭照料者还是和教师、同伴，能够进行积极的语言表达和社会性交流都特别重要。那些语言表达比较好，也愿意和教师、同伴交流，积极参与幼儿园和班级的各种活动的幼儿，更自信，也更快乐。因此，教师要重点关注和发展这些幼儿的语言表达和沟通能力，鼓励他们参与同伴活动和与同伴交往。"农村留守儿童项目"专门为留守幼儿设计了五个单元的教育活动，依托幼儿绘本的语言和社会领域综合活动，即借助"爸爸妈妈""亲情与表达""爷爷和奶奶""安全与自我保护""惊喜与发现"等幼儿熟悉的人物或事物，支持幼儿积极表达和交流，提高幼儿的语言表达能力和社会交往能力。此外，"农村留守儿童项目"还通过其他相关活动助力留守幼儿和亲情缺失幼儿的发展。

培养幼儿积极的情绪情感。愉悦及与此相关的积极体验是幼儿童年快乐

---

① 张文新：《儿童社会性发展》，398、401、402 页，北京，北京师范大学出版社，1999。

和幸福的基础与底色。相关研究表明，消极情绪常常与回避行为相生相伴，积极情绪与行为扩展和多样性相关联。长期的消极情绪体验会给人造成紧张心理，使人的身体处于应激状态，对健康有害；积极的情绪体验更有利于健康。由于复杂因素，留守幼儿常常会表现出比非留守幼儿更多的消极情绪和情感，亲情缺失幼儿的情况也类似。这首先需要教师理解和接纳，再去逐一深入了解各不相同的复杂原因，有针对性地帮助每一个幼儿消解或减轻消极情绪，不断利用生活中的各种场合和机会，逐渐丰富他们的积极情绪情感，使他们最终成为积极情绪情感占主导的快乐幼儿。

让我们共同努力，从点滴做起，尽一切所能，关心每一个留守幼儿和亲情缺失的幼儿，帮助他们建构积极的自我认知，鼓励他们积极表达和交流，不断丰富积极的情绪情感体验，拥有快乐童年，获得幸福人生。

第一章　帮助留守幼儿重建积极自我

·胆小的吉吉变身记

案例背景

吉吉是个 4 岁半的男孩，由妈妈一个人照顾，而爸爸则长期在外工作，每年只回家 2～3 次。由于妈妈年轻，缺乏教育孩子的经验，许多事情都替孩子做了，给他好吃的、好喝的、好玩的，把最好的都留给儿子，她认为这就是"爱"。吉吉被妈妈照顾得太好了，进入集体后生活自理能力欠缺，不会整理自己的物品，也不会安静地进餐；长时间没有好朋友，喜欢一个人玩，比较孤僻。妈妈只重视了对生活的照顾，而忽视了吉吉的身心健康。吉吉在集体活动中是"倾听者"，几乎不主动回答问题，即使心里有想法也不会主动告诉老师；遇到困难时等待别人帮助，不主动思考解决的方法。吉吉 4 岁才上幼儿园，而且是刚从外省转学过来的，陌生的环境更让他畏手畏脚。

案例描述

(一)"早上好"

早上入园时，我主动问候吉吉"早上好"，吉吉也和我说"早上好"（基本上每天都是我主动后，他才和我互动的）。吉吉每次问候时声音都很小，很腼腆，表现出害羞的情绪。打完招呼与妈妈再见后，他进了教室就不知所措地站着，等着我去与他牵手后，他才能坐到自己的位置上。后来，我有意识地让吉吉先打招呼。我尝试了一下。他和妈妈走到教室门口，我微笑着看着他，他把手放到嘴巴旁，用不知所措的眼神看着我。我说："吉吉，早上来看到老师要说什么呀？"他依然把手放到嘴巴旁，很小声地说了句："早上好。"然后他慢慢地"蠕动"着身体来到我身边。这次，我笑了笑，也说了一句"吉吉早上好"，并主动拥抱了他一下。他没有反感，我似乎看到了希望。

（二）"不喜欢"

户外活动时间，我带着孩子们出去玩。孩子们看见各种各样新奇的玩具都争着去玩，有的踩高跷，有的玩滑梯，有的坐转转车……玩得可高兴了。只有吉吉一个人在边上站着。我走到他面前摸着他的头问："你怎么了，怎么不去玩？不舒服吗？""老师，我不想玩。""小朋友们都在玩，你怎么不玩？怕摔倒吗？""不是。""那你怎么了？""不喜欢，我不想和他们玩，我自己玩就好。"

进行音乐活动"好朋友，行个礼"时，我要求两个幼儿组成一组做游戏，幼儿都找到了自己的好朋友，只有吉吉把手揣进衣兜里，在那里一动不动。我笑着问他："你怎么不去找朋友？""我不喜欢做游戏。"

类似的情况还有很多，他回答我的都是不喜欢。看着他的样子，我常常在想，怎样才能激发他的潜能，我能为他做点什么。我让其他幼儿主动和他玩，我也常常鼓励他去参加活动。我想这样他就会慢慢参与进来了。可是两周过去了，他还是站在旁边，无论是户外游戏还是区域活动，仍然一动不动。我发现这样并不能激发他参与活动的兴趣。我意识到对他的引导方法可能欠妥。

实施策略

根据我的观察，我决定多了解吉吉内心深处的需要，从提高吉吉的自信心开始，和家长共同努力关心吉吉、帮助吉吉，多与他交谈，与他做朋友。

首先，让家长与孩子多沟通，对孩子多放手。通过家园互动，我让吉吉的妈妈参与到幼儿园活动中来。通过"家长开放日""亲子活动"等，吉吉的变化让妈妈也认同了孩子参与活动的重要性，开始在家里让吉吉做一些活动、玩一些游戏，带吉吉到公共场所找朋友，让吉吉自己去发现和体验。我还通过电话联系、视频聊天等形式，让吉吉在一周内有两次和爸爸聊天的机会。一开始爸爸说得多，慢慢地吉吉的话越来越多了，他每次都盼望着和爸爸视频。现在吉吉心扉敞开了许多，脸上的笑容也越来越多了。

其次，教师在园多引导，支持幼儿锻炼。例如，吉吉入园后，我让他做自己力所能及的事情，放手让他去尝试、去实践，如帮小朋友搬凳子，帮小朋友发碗和勺子等。当吉吉完成了我交给他的任务后，我就对他笑一笑，说声"谢谢"，并适时给予鼓励："你真能干！"这样既尊重了他，又强化了对他日常生活能力的锻炼。在体育活动中，我抱着他一步一步地爬梯子，一次又一次地练习。刚开始他不愿意，还一个劲地哭，我就鼓励他："吉吉最棒了，最勇敢了，一定能够走过去的，老师最喜欢你勇敢的样子。"并让小伙伴们带他一起参加体育活动，以提高他参与活动的兴趣，让他很快进入角色。有次，他走到半途就滑下来了，差点摔一跤，我赶紧扶住他，鼓励他，终于走到了终点，他哈哈大笑起来，说："老师，我走过来了，一会儿你给我一个棒棒糖。"小伙伴们也十分高兴，都拍起了小手。时常还有小伙伴拉着他的手出去玩，我也常常给他讲故事，摸摸他的头，亲亲他的脸。经过一段时间的努力，吉吉终于可以和小伙伴们一起玩耍了。

通过吉吉的案例我体会到，为幼儿创设良好的教育环境，是学校、家庭、社会义不容辞的责任和义务。我们应提高认识，协调一致，为此做出积极努力，让每个幼儿都得到充分的关爱。

（重庆市武隆区江北幼儿园　　周娟）

·走出自卑的小怡

大二班有个小姑娘叫小怡。她长得瘦瘦小小的，有一双圆圆的大眼睛，经常扎个小马尾。

刚到中二班时小怡很沉默，从不主动和我说话。一次语言活动时，我给幼儿讲了故事《猜猜我有多爱你》。我边讲边注意观察幼儿的神情变化。那些爸爸妈妈在身边的幼儿，听着故事很喜悦，还时不时插话说，他们多么爱自己的爸爸妈妈。可我一看小怡，她听着故事，很安静，大眼睛一动不动地盯着课桌，似乎在想什么事情。故事讲完后，我见她还在沉思，就过去和她打招呼："小怡，你想爸爸妈妈了吗？"她起初不吭声，后来我又问了一遍，她才勉强点了一下头。那时我的鼻子一酸，觉着这个孩子好可怜，好让人心疼。鉴于此事，我后来在一日生活中都会注意和她多接触，多聊天，有时还逗逗她。慢慢地我发现她喜欢参加的活动多了一些，可话语依然不多。

我记得很清楚，在一天上午户外活动时，小怡骑着摇摇车，骑到路的一边时，看见种花的我喊了一声"老师好"。我回头一看，她已经骑远了，留下一个背影给我，可我能感受到小怡对我打招呼时一定是面带微笑的，大眼睛里满含自信。我为她的改变感到欣慰。到大班第一学期时，小怡又进步了不少，画的每幅画都很美观、精细。其他小朋友不想画，都跑出去玩，可小怡和另外几个幼儿依然安静地坐在座位上画画，直到画满意为止。

到大班第二学期了，小怡的犹豫、自卑似乎少了很多，自信了很多。2018 年，在许老师的带领下，我们开始排练"六一"舞蹈。排练时小怡能积极跟许老师学动作，学得很踏实、很到位。在跳《花儿朵朵向太阳》时，她仿佛一个活泼阳光、动感十足的小精灵。

大班幼儿毕业之际，我祝愿小怡脸上始终洋溢着微笑，一直活泼、天真、自信地走下去。

（甘肃省天水市清水县永清镇第二幼儿园　　魏志惠）

·眼睛不敢正视的小佳

一天午睡时，我坐在了小佳身边，问他："小佳多久没见妈妈了?"他声音很小地说："很久了。"我问："想妈妈了吗?"他只是玩着被角不吭声了。我拿起手机找到他妈妈的微信，发起了视频聊天。遗憾的是他妈妈没有接通。不过，半小时左右他妈妈打来了视频。小佳没有我想的那样兴奋，只是斜眼望了望手机。妈妈却很激动地问这问那。一问才知道妈妈离开快一年了，这一年里很少和小佳视频。怪不得小佳会对妈妈感到陌生。还好妈妈说马上就会回来。一直没说话的小佳听到这个消息说了句："真的吗?"得到了妈妈肯定的回答，小佳心里应该是很高兴的。

挂了视频，我想起了中秋节园里组织活动，小佳爸爸来参加了，他和小佳坐在教室后面，不知什么原因爸爸起身狠狠地打了小佳一巴掌。当时我都被惊住了，怎么可以用这种粗鲁的方式对孩子动手? 这一巴掌打下去，教室里一下子鸦雀无声，大家都被吓到了。小佳压着声音哭泣。我很心疼，立刻跑过去把小佳拉到我怀里，很气愤地问他爸爸为什么对孩子动手。我把小佳领出教室并安慰他，等他情绪稳定了问他，才知道就因为他动了桌子上做手工的材料。晚上回去我也和他爸爸聊了聊。这样的家庭环境怎能让孩子快乐成长？正是爸爸这种不正确的教育方式，使得小佳从来不敢正视我们，说话时眼睛总是看着别处。

一天早晨，小佳早早跑进教室，看起来很开心。原来是妈妈回来了。妈妈在身边，小佳马上心情都不一样了，就连画的画都丰富了起来。

父母迫于生活不得已远走他乡。但无论多远的距离，父母对孩子的爱不该减半分。父母能陪伴在孩子身边，对孩子而言就是最大的幸福。

（甘肃省天水市麦积区麦积中心幼儿园　　赵晖）

·越来越自信的洋洋

洋洋自出生后一直由爷爷奶奶抚养。入学后，父母两三个月才回来看望他一次，每次回来洋洋都闹情绪，不准爸爸妈妈去上班。现在奶奶在家管不住他，他也不听奶奶的话。平日在教室里，洋洋的情绪也经常不稳定，自我控制能力差，有时不愿意与小朋友一起游戏，遇事没有自信心，胆小害怕。如何让洋洋保持乐观，能开开心心地入园，积极参加活动，乐于和同伴交往，是我要解决的问题。

开学时

有一段时间，洋洋每天来园时总要闹情绪，一脸不开心的样子，同伴和他说话他也不理睬，到班上后总是一个人静静地坐在座位上，自己玩自己的。这是有原因的，也不能完全怪洋洋。因为开学已有一个星期了，爸爸妈妈才从外地把洋洋送回来上学，再加上过了一个暑假，洋洋和小朋友有点陌生了。有时，他想加入小朋友的游戏，但是没有人主动邀请他，每次都是在我的帮助下才加入游戏的，所以不能很好地投入游戏。

像洋洋这样的留守幼儿，需要更多的关爱、更多的耐心。意识到了这点，我私下发动了几个沟通能力强的幼儿主动跟他交流，带他做游戏。一段时间后，洋洋有了明显的变化。

唱歌表演活动中

唱歌表演活动时，小朋友齐声唱着歌，我发现洋洋也边唱歌边表演着。可当他发现我在注意他时，马上害羞地低下了头。我赶紧装作没看见。过了一会儿他又跟着唱了起来。其实，他的声音好听且节奏感强，只是羞于表现自己。

该如何激发他的表现欲望？我表扬了洋洋：唱得很好，声音再大点，让大家都能听到，会更好。为给他壮胆，我还邀请了几个爱表现的幼儿，和洋洋一起边唱歌边表演，并适时奖励他。洋洋的脸上出现了笑容。

晚上，我将这情况告诉了洋洋奶奶，也聊了一下他在家的情况。奶奶很开心，明确表示一定会积极配合教师共同教育洋洋。

担当小组长

体育活动前，幼儿照例自告奋勇地表示要帮助我拿活动器械，洋洋也举起了小手，并悄悄走过来使自己更靠前，好让我看到他。我请他做这次活动的小组长。他很兴奋，去拿了器械，并主动帮忙分发。活动结束后，他还招呼其他幼儿把器械放到篮子里，并带回班里。

洋洋的胆量较以前明显变大了，已经能够主动帮大家做事了，而且有始有终。在游戏过程中，洋洋能提醒大家注意安全，要小心；能指导同伴把物品放到指定的地方，这是多大的进步啊！

（江苏省靖江市生祠镇中心幼儿园　　展海鸿）

·航航不再躲后面

航航是一个不爱说话的小男孩，有着大大的眼睛、瘦瘦的身体。在小班刚入园的头几周里，航航几乎没有和小朋友交流过，也没有快乐地玩耍过。幼儿在教师的带领下开着"小火车"逛幼儿园时，他总是远远地、慢吞吞地跟着，不愿意拉着别的小朋友，更不愿意让别人拉他；吃点心时每次都是最后一个，还不会用杯子喝水、喝牛奶；去洗手间时如果里面有其他小朋友，他马上站在门口不愿意进去；其他小朋友在过道里玩的时候，他一个人站在旁边，教师提醒他和小朋友一起玩，他不回答，还用两只手捂住耳朵；当有小朋友靠近他时，他会马上退后几步；教学活动时，每次都是大家都坐好了，他才搬起小椅子站在一旁，也不知道自己该坐到哪儿；吃饭时，他一会儿左手拿着勺子，一会儿又用右手去抓饭菜，把饭菜撒得哪儿都是……早上入园时，航航基本上都是哭着被奶奶背着送到幼儿园的，我还发现航航不会用语言来表达自己，只会不断重复别人的话，而且只会重复两三个字。我开始教幼儿点名，点到航航时，他一边笑着一边重复自己的名字，让他说"到"，他就是不说。我对他说："航航，喊我。"他就说："喊我。"教师问："你是男孩还是女孩?"他说："女孩。"如果问："你是女孩还是男孩?"他说："男孩。"

为了进一步了解航航，我经常在放学后和航航奶奶交谈，并多次进行家访。我了解到航航是一个留守幼儿，平时主要由爷爷奶奶抚养，爸爸妈妈在航航还不到一岁的时候就外出打工了，每年只有过年的时候才回家，根本没有时间管航航。奶奶对他百般呵护，样样顺从，包办了洋洋的一切生活，而且很少给予洋洋与同伴玩耍的时间。奶奶告诉我航航发育比较迟缓，上幼儿园之前几个月才学会走路、说话。了解到这些情况，我明白了航航的各种表现其实和家庭环境是分不开的。我认为，只要多关心，正确引导和鼓励，航航会有所改变的。然而，我也感到了些许焦急和无奈，改变这一现状到底需要多久呢? 我也没有把握，但不管怎样，我开始在日常生活中寻找一些机会与他交流。每天早晨我都会去找航航聊天，送上清晨的问候："你今天高兴吗?""航航，我喜欢你!""航航，早上吃的什么?"等等，就算航航一言不发，我还是热情地问候他。在午休时我也会和他聊聊天："今天想做什么呢?""你喜欢我吗?""想喝水吗?"虽然他分不清你我，有时候还沉默不语，但是我依然乐此不疲地坚持着。

航航缺乏基本的自理能力、交往能力，他在集体生活的时候没有自信，不知所措。我想他最需要的就是无条件的爱和支持，所以在班级中我对航航采取直接表扬、间接表扬以及心理暗示等多种方法，以帮助他增强自信。我找准时机和搭班教师讨论航航的进步，并大声表扬航航的进步。我发现表扬对于航航来说是一种极大的鼓舞，他会开心地笑起来。遇到新事物他有所退缩的时候，我采用"你能行，你最棒"的心理暗示，鼓励航航多说话、多交流。一个学期下来，航航在一些方面有了明显的进步。比如，他不再害怕小朋友，能和其他小朋友一起玩游戏了，喜欢跟着教师一起唱歌、跳舞，会用杯子喝水，也能自己吃完饭了，还学会了自己穿脱衣服、鞋子，早上入园、下午离园能主动和教师打招呼，等等。我为他感到骄傲。最让我感动的是，航航奶奶前几天告诉我，航航回家说："我有妈妈了。"他觉得教师就是自己的妈妈。这个几乎没有怎么见过自己妈妈的孩子能说出这样的话，让我感到自己对他的付出是有成效的，我会更加努力。

我深深体会到，对待像航航这样的幼儿，要以真诚的心去接纳他们、爱护他们，让他们感受到教师对他的爱，从而不认为教师是外人；在心理上给予温暖的同时，还要注重身体上的接触，并以此作为建立情感的又一契机，如常有意摸摸他们的头，拍拍他们的肩，抱一抱他们，让他们知道教师有多喜欢自己；无条件地鼓励和支持他们，当他们有了一点进步时，用积极的言语鼓励他们、赞扬他们，给他们信心；注重对他们生活自理能力的培养，使他们在与同伴的游戏中逐渐消除羞涩与胆怯，逐步在集体中表现自己，树立自信；帮助家长建立正确的教育观，多力齐发共助他们发展。

（江苏省南京市溧水区实验幼儿园　　陈月香）

· 成长的蜕变

我们班帆帆的成长环境比较特殊，她的父母都外出打工，她主要由姑姑照顾，爸爸妈妈平时也很少来看她。她好像很怕人的样子，别人与她对话时她总是低着头，不愿意交流，不管问多少遍，她都低头不语。班级组织的活动她也不愿意参加。小朋友们非常想和她玩，但是她好像不愿意接受大家的好意，从始至终都低着头，就像要把自己藏起来一样。第一次见到如此内向的幼儿，我想这种幼儿的内心肯定很脆弱，所以不能批评她，只能慢慢地引导她。

在一次"六一"汇演准备活动中，我们准备了一场舞台剧《白雪公主》。我让帆帆饰演大树的角色，可是不管我怎么鼓励她，她始终都用摇头来回应我。我有点无可奈何，但是我不想放弃。在和她一次次的沟通中，我知道了原来她不愿意参加表演的原因是害怕出错，害怕被批评，害怕在众人面前出丑。于是我耐心鼓励她，一遍遍教她说台词，哪怕她说错了，我也不会批评她。她每说对一句台词，我都会给她鼓励，有时是一个眼神，有时是一个微笑，有时还会对她竖起大拇指。我想最起码帆帆愿意开口了，愿意表演了，对于她来说这就是一个很大的进步。就这样，她上台向众人展示了自己，而且表演得很好。汇演结束后，当看见她的笑容时，我觉得所付出的一切都是值得的。她的笑虽然很羞涩，但是很美。对于我们来说上台表演是一件很平常的事，但对于帆帆来说是一次成长的蜕变。

对于这类幼儿，不管是在平时的教学活动中还是在生活中，我们都应该关注他们的一言一行，即使他们做得不好，不愿意参加活动，我们也不要去批评他们。我们需要做的是弄清原因，找准方法，给他们时间适应自己心理的变化。同时，对这类幼儿我们要轻声细语地与他们对话。只有让他们信任我们，他们才能慢慢改变。只有多关注幼儿的心理健康，幼儿才能健康快乐地成长。

（河南省济源市下冶镇第一中心幼儿园 侯亚娟 李雅文）

第二章　支持留守幼儿积极交流交往

·交流的小天使

2018年9月，我迎来了人生的新阶段，正式参加工作成为一名幼儿园教师。我工作的幼儿园依山傍水，工作环境和我想象中的不太一样，应该说比预期的要好很多。幼儿园崭新的教学楼、良好的硬件设施让我对现在农村的办园条件刮目相看，这也是国家对农村学前教育事业大力扶持的结果。

园里给我安排的班级是小班。作为行业新人，我既激动又紧张。各项准备工作完成后，我迎来了人生中的第一批幼儿。

小班是辛苦的，也是最有成就感的。在两个多月的时间里，看着一个个幼儿从刚开始的恐惧、哭闹、无常规到现在每天早晨开心地来到幼儿园，向教师和同伴问好，对爸爸妈妈开心地说再见，这种成就感是我从来没有体会过的。通过几个月的了解，我发现班里留守幼儿的数量还是很多的。

有一个男生特别可爱，惹人喜欢。这个男生叫豪豪，和他一起来幼儿园的是他的堂哥，兄弟两人都在我们班，而且长得还挺像，刚开始我还以为他们是双胞胎。他们长得十分可爱，也很调皮，没少给我惹麻烦。平时豪豪犯错误我批评他时，他总是不回答我问的话，我还和其他教师讨论过是不是他语言发育迟缓。我们观察到他只和他的堂哥说，同其他幼儿玩耍时他也不说话。

这一现象引起了我的注意，有次放学我留下了接豪豪的家长，打算了解一下他在家的情况。在这次交流中我了解到了很多，原来每天来接豪豪和他堂哥的是豪豪的大伯，豪豪的爸爸在上海，妈妈去了泰国，大伯母也在外地打工，两个孩子由身体不好的大伯照顾。最让我想不到的是豪豪还有先天性心脏病，但幸好通过治疗病情得到了控制。更令我没想到的是因为长时间见不到父母，豪豪慢慢地也跟着堂哥叫自己的大伯叫爸爸，看见妈妈的照片竟然说："这个丫丫（方言阿姨的意思）来过我们家，我见过她。"听到这里，我十分吃惊，妈妈竟然在孩子印象中成了阿姨。我决定一定要尽最大努力帮助豪豪。

刚来时兄弟两人形影不离，堂哥做什么事总是让着他，也总是帮助他，但时间长了堂哥有了新的朋友，有时也会忘记帮助弟弟。以前午睡起来有堂哥帮他穿鞋穿衣服，现在他得自己学着去做，但又做不好。每天其他幼儿在吃午点时，豪豪的鞋子还没有穿上，着急得他的小脸都憋红了。我过去询问他时，他也会向我投来求助的目光，还有些许害羞与紧张。我问他："豪豪，你是不是穿不上鞋子啊？"他只是点点头，脸涨得更红了。我又说："以后穿不上鞋子你可以过来让老师帮你穿，知道了吗？"他又点点头。以后的几天里他都会过来让我给他穿鞋，但只是走过来看着我，也不说话，脸还是因为害羞涨得通红。过了几天，我试着对他说："豪豪，如果你明天中午起床后主动过来用小嘴巴说让老师帮你穿鞋，那我就奖励给你一朵小红花。"然后拿过鞋子帮他穿好，又摸了摸他的头笑了笑。过了几天，我在帮别的小朋友穿衣服时，有个很小的声音进了我的耳朵："蒙蒙老师，帮我穿一下鞋子。"我迟疑时豪豪又说了一遍："蒙蒙老师，帮我穿一下鞋子可以吗？"我开心地接过他手里的鞋帮他穿好，并兑现了我的承诺，奖励了他一朵小红花。豪豪从这天开始渐渐地会对我说一些简单的生活用语和礼貌用语了，并开始用语言和其他小朋友进行交流了。豪豪的这点变化在外人看来可能很微小，但在我看来是巨大的，因为他从胆小和自己封闭起来的内心里走了出来。

经过一段时间的引导，我发现豪豪不仅开始和其他小朋友交流了，而且上课时也开始听课并且积极回答问题了，有时还会展示自己的画。

豪豪只是留守幼儿的一个缩影，我们需要做的就是细心观察，保护好当下和我朝夕相处的二十多个孩子。

（甘肃省天水市麦积区麦积镇街亭幼儿园　　周婷婷）

·善良隐忍的玥玥

　　玥玥是我们班上特别乖巧的一个小女生，也是我们班众多留守幼儿中的一员。她平时话特别少，基本上不和老师及其他小朋友交流。

　　我对她印象特别深的原因是她每次吃饭要加饭或要馒头时，都特别紧张，走路的姿势也随之改变。我问了她几次"走到老师面前为什么会变姿势"，她脸一红，说不上话来，走路就更别扭了，特别不自然。

　　她是由外婆和外公照顾的。外婆告诉我们，玥玥的爸爸和妈妈都在西安，平时只有他们老两口看着孩子。他们不会讲故事，和孩子的沟通也很少，家的周围也没有同龄的小朋友，导致孩子话特别少，碰到熟人后就躲在他们身后。他们也很愁，但是没有办法。

　　玥玥是一个特别善良的孩子。在一次户外活动中，我们班的小颖不小心撞倒她了，我赶紧把她拉起来，问她具体是怎么回事，她说是她自己不小心摔的。我也就没有在意，当然这也是我的疏忽。中午起床后，有一个小男生悄悄告诉我，玥玥是被小颖推倒的。我又去问玥玥，玥玥依然说是自己的责任，这时候好多幼儿都说是小颖推倒的，小颖也承认了错误，玥玥才告诉我们事情真相。我问她为什么早先不说，她说她怕自己说了后，我会骂小颖，她觉得自己没事。当时，我特别感动，因为幼儿都是怕自己挨骂才撒谎的，而玥玥却是怕别人挨骂而撒谎的。

　　有时候我觉得玥玥的懂事让人很心疼，其他小女生在老师给她们梳头发时还有要求，要好看的，要不同花式的。而玥玥不管好看与否，从未提过要求。也正因如此，我尽可能地多关心她，多和她交流。

　　玥玥是留守幼儿，每次留守幼儿生日会时，她外婆都会陪着她。我能感受到家人对玥玥的重视。她外婆觉得孩子很小的时候爸妈不在身边，要多陪陪孩子。幼儿园有活动时，她一定会来陪孩子。但是，我也问过玥玥，玥玥还是希望有活动时妈妈来陪她。我和她妈妈聊过几次，她妈妈也是一个特别开朗的人，但是由于工作的关系，很少陪孩子。她觉得我们的"农村留守儿童项目"特别好，对这些留守幼儿心灵成长有很大的帮助。我也希望她能多和玥玥交流。她说，每次参加完留守幼儿生日会，玥玥回家都会告诉她生日会的具体内容，自己做了什么，吃到了什么好吃的。此刻她觉得很开心，孩子可以跟她分享自己在幼儿园的收获，孩子的进步和成长是对离家在外的父母最大的安慰。

　　玥玥从上小班开始到现在，真的有很大的变化。希望每个留守幼儿都和玥玥一样，每天都在进步，每天都在健康成长。

（甘肃省天水市麦积区麦积镇街亭幼儿园　　王宁）

·小冉的变化

　　对于每个人来说，家永远都是温暖的港湾；对于留守幼儿来说，学校就是他们第二个温暖的家，教师就是他们的"父母"。教师要在日常活动中格外照顾留守幼儿，给留守幼儿更多倾诉的机会，多鼓励留守幼儿勇于表现自己，多为留守幼儿创造参与活动的机会，在实践活动中细致地教他们自主生活、自我保护，让留守幼儿在远离父母的日子里也能和其他幼儿一样健康快乐地成长。

　　小冉是大四班的小朋友。我大学毕业后接手他们班时就发现她下课后总是一个人在一边玩，很少与人交流。

　　有一天，我在休息时走到小冉的座位旁，拿了一把小凳子，坐在了小冉旁边，小冉趴在课桌上没有动。"小冉，你不舒服吗？""我想妈妈了……"眼泪应声落下，打湿了脸颊旁边的衣袖。小冉的爸爸妈妈都外出打工了，家里只留下她和爷爷奶奶。

　　小冉在日常活动中表现出了这个年纪少有的"懂事"。在一次美术活动上，小冉正在认真地画老师教的小花猫，同桌小盛突然一把拿走了她正在用的粉色画笔，小冉眼巴巴地看着同桌，迟疑了三四秒，没有主动拿回画笔，也没有说话，直接趴在了桌子上。我走到小冉身边问她："小冉，你生气了吗？"她没有抬头，只是微微摇了摇头。我到讲台上拿了一支粉色的画笔放到小冉桌子上，让她继续完成自己的作品，她在接下来的画中并没有使用粉红色的画笔。我问她："为什么不用老师给你的画笔画呢？"小冉轻轻地贴在我耳边说："小盛没有说话就直接拿走了我的画笔，我生气了，我就不用粉红色的笔了。"

　　有一次，在语言活动"河马村长"中，教师提问："河马村长为小动物安排的工作有什么不对？"幼儿纷纷举手，有的激动地站起来举手，小冉也举起了手，很规矩地低低地举着手。"小冉来说一说。"小冉声音很小地说："兔子不会捉老鼠。""那我们可以给兔子安排什么工作呢？""拔萝卜。""是的，兔子可以做拔萝卜的工作，下次可以说得再大声些。"小冉默默地点了点头。自由讨论猪小姐可以做什么工作时，其他幼儿谈论得热火朝天。"我觉得猪小姐可以做饭。""猪小姐可以学着打扫卫生呀！""猪才不会打扫卫生呢！"但小冉一个人静静地坐在那儿听着周围的幼儿讨论，教师走过去说："小冉，你觉得猪小姐可以干什么呀？"小冉说："可以烧饭。""是的，你说得很棒，大家为小冉鼓掌。"掌声中，小冉害羞地低下了头，但嘴角流露出了自信的笑容。小冉在语言课上听得很认真，也认真思考了，心中也有了答案，但是不敢大声地说出来，缺乏自信，自由讨论的时候也不喜欢主动参与到同伴的讨论中。通过教师的正面引导和鼓励，小冉变得自信了许多。

后来，我对小冉给予了较多的关注，生活上尽可能关心，学习上多加鼓励。小冉也很懂事，渐渐地她的情绪有了好转。我经常能看到她快乐活动的身影，听到她开心的笑声。

我们教师只有每天做得多些再多些、好些再好些，才能让更多留守在农村的"小冉"像星星一样在夜空中闪耀。

（江苏省靖江市新港城幼儿园　　闻璐瑶）

·不爱说话的希希

希希父母长期不在家，只有过年的时候才会回来，平时只有奶奶带她。她平时不爱说话，活动时叫她回答问题，她永远不开口。她性格有点孤僻，朋友也很少，只有那两个同样话很少的女生。有的时候那两个女生一起玩，希希只会站在旁边看着。我跟她奶奶沟通，她奶奶说："她就这样，爸爸妈妈在家还陪着她，爸爸妈妈不在，平时我们也不会带她出去玩，也不敢让她自己到外面和小朋友玩，她平时话就很少。"

有一次在做春天的环境创设活动时，需要用到柳条，我布置了任务，让所有幼儿都带一点柳条来。可是第二天，只有一部分幼儿带来了柳条，于是一些没带柳条的幼儿和希希说："希希，可以给我一点柳条吗？我想要一点柳条。"希希一下子手足无措起来，小声地说："可以，可以。"抓住这个机会，我跟大家说："希希小朋友的表现很好，她记得老师布置的任务，还愿意和大家分享带来的柳条，让我们给她一个赞。"

从那次起，希希带来的材料总是最多的。希希奶奶说："这孩子也不知道怎么了，以前都抱着手机玩，现在特别愿意和我一起上山拔草，捡树枝和石头。"

对她这种愿意分享、愿意为集体做事的想法和行为，我进行了适当的赞扬。现在希希在班级里的朋友更多了。

但是她平时还是很少说话。于是，我在每次区角阅读分享时都请她出来讲自己读过的故事。刚开始她站在上面一句话也说不出来。于是我先让她的好朋友小蓉上去讲故事，并对小蓉讲的故事大加赞扬，通过小蓉的表现来鼓励她。她有点动摇，想要开口，嘴张开又合上了，还是没有说出话来。

有一次我观察到她在美工区里做了一张很好看的贺卡，就问她："贺卡是送给谁的啊?"她回答我说："我希望爸爸妈妈早点回来。"我联系了希希的妈妈，把贺卡的照片发给她看，还让希希和妈妈打了一个视频电话。希希看到妈妈时，既开心又失落。她悄悄地抹着眼泪说："妈妈你们什么时候回来呀？我都要毕业了。"希希妈妈说："马上就回来，马上就回来，你毕业的时候妈妈一定会在的。"我鼓励希希参加"六一"儿童节的童话剧表演。刚排练的时候，她在台上不会说什么台词，但是和大家在一起的时候，她非常开心。我和她说："希希，你妈妈要来看你表演，你希不希望妈妈看见你在舞台上?"希希点点头看着我说："希望。""那你要不要在舞台上漂漂亮亮的?"希希说："要"。我又说："那你在舞台上想不想让妈妈听到你说话啊?"希希说："想。"

在"六一"童话剧活动中，希希大胆地和小伙伴一起站在舞台上，妈妈还给她化了妆。她勇敢地说出了自己的台词，虽然只有几句，但是这对她来说是很大的进步了。下台的时候她抱着妈妈开心得不得了。希希妈妈说："真没想到希希也能上台表演了，以前她在陌生人面前都不愿意说话的。"

在阅读分享活动中，希希有时也愿意在大家面前说话了，和大家的交流也逐渐多起来。

针对希希的情况，我采取了两种方法来帮助她融入集体：一种是对她好的行为进行赞扬，另一种是不断引导她多说话。如今希希能大胆地说话了。在今后的日子里，希望她能更活泼，交到更多的好朋友。

（江苏省句容市茅山风景区中心幼儿园　　杨帆）

·有爱的陪伴，从分享开始

一天早晨，我组织幼儿观察养殖角的乌龟，然后让他们画出自己的乌龟朋友。活动结束后，在幼儿丰富的绘画作品里，一幅画引起了我的注意。

这幅作品出自一个平时不爱讲话的孩子——小宇。小宇告诉我："大鳄鱼要吃掉小螃蟹，小乌龟们很害怕，它们一边看着鳄鱼，一边逃跑。"说话时眉宇间满是惊恐。

小宇平时在园的一幕幕在我眼前闪现。他是中班时转园过来的，入班后一直不爱讲话。幼儿园每天的午点，他从来都不吃。递给他时，他总是摇头。我曾劝他："吃一点吧，不吃的话一会儿户外活动时肚子会饿。"他也只是摇头。幼儿园的座位是孩子们自选的，小宇无论来得早还是晚，都会选择角落里的位子。

在与小宇奶奶的交流中，我了解到，小宇的爸爸妈妈在北京打工，小宇从小跟奶奶长大。忙于家务与农活的奶奶，无暇陪小宇玩耍，更没有意识到要让小宇与同龄的小朋友交往。小宇对奶奶以外的人缺少信任。

我与小宇妈妈详细地交流了小宇的在园情况，建议她增加回家陪小宇的次数，实在做不到就给小宇多打几次电话。

一次妈妈放假回家，问我她可不可以买些吃的送到幼儿园，让小宇与小朋友分享。考虑到小宇的特殊情况，我破例允许了。在妈妈的鼓励下，小宇第一次主动与小朋友交往。分享中，小宇把一份份好吃的食物送到小伙伴手中。小伙伴或对他微笑，或说声"谢谢"。快乐的氛围缓解了他紧张的情绪。

细心的妈妈将她与孩子一起玩过的玩具小汽车留在了幼儿园。午间活动时，我会拿出妈妈留的食物问小宇："这些是谁买的？""妈妈。"小宇笑得羞涩但开心。小宇渐渐放松了紧张的神经，吃东西或玩他的小汽车，偶尔会和我说说他的小故事。

元旦时，妈妈写来家信，小宇快乐地让我读给他听。我问："妈妈对你说的话也是许多妈妈想对她们的宝宝说的，我们把妈妈的信和其他小朋友分享，好不好？"小宇点头同意。于是我将妈妈的家信变成一封大大的图文并茂的元旦家书，展示给了幼儿，然后引导幼儿对远方的爸爸妈妈说出心里话。小宇在三十几个幼儿发言后终于开口了："我祝爸爸妈妈身体健康，元旦快乐。"这是小宇第一次在这么多人面前说话。视频传到远在北京打工的父母那里，小宇妈妈喜极而泣。

一次手工课，我告诉幼儿："遇到困难可以悄悄到老师面前找老师帮忙。""滚动的鼠小弟"需要进行侧面粘贴，许多幼儿需要帮助。小宇走到我面前，怯怯地举起作品问："老师，是这样对着粘吗？"我笑了笑，摸摸他的脸说："对，你真棒！"他腼腆地笑笑，开心地走了。

渐渐地，小宇开始提各种问题："这个字念什么？""卫生间的蓝点点是什么意思？"……转眼到了学期末，我带幼儿去色彩教室活动。快春节了，我教幼儿做灯笼。我注意到小宇选的材料色彩明亮。我们提着灯笼走出教室后，幼儿彼此展示自己的作品，一片雀跃。回教室的路上，路过保健室，正巧保健老师从屋里出来。小宇朝保健老师提起自己的灯笼说："老师，我的灯笼漂亮吗？""漂亮，你这是在朝我炫耀呗？"保健老师和小宇打趣。小宇开心地笑笑。瞧，进了教室，他依然笑得很开心。

作为教师，我们可以成为一条柔软的纽带，一头连着幼儿，一头连着爸爸妈妈，让爸爸妈妈爱与智慧的营养顺畅地流到幼儿这头。让我们将爱洒向每一个需要关爱的幼儿，愿他们快乐成长。

（河北省保定市涞水县幼儿园　　赵金梅　刘冬云）

·起舞的蝴蝶

小悦是一个留守幼儿，爸爸妈妈就算是过年也很少回来，全年几乎都是爷爷奶奶照顾她和弟弟。爷爷奶奶平常要种庄稼，打零工，很少和小悦交流。小悦在家也没有同龄的朋友，总是很孤单。在学校她也不怎么说话，默默地做着"隐形人"。我在一次偶然的活动中发现了小悦身上的闪光点。

在一次音乐律动活动中，我发现小悦的乐感很强，其他小朋友都在抢节奏，只有她在慢慢地跟着节拍跳舞，动作很标准，这使她显得十分的独特。于是我针对小悦身上的这个优点，鼓励她，慢慢地引导她，同时给她展示自己的机会。比如，让她领舞，带着全班幼儿跳舞。在她领舞的时候，我在她的脸上能看到她不经意间露出的微笑。她翩翩起舞的样子就像一只美丽的蝴蝶，散发着自信的光芒。

随后，我让她参加了《老师妈妈》情景剧表演。在表演中她动作标准，神情自然。我想，她在看到观众为她鼓掌时，内心肯定有波澜，她肯定想不到自己原来那么优秀。观众给她的阵阵掌声让她变得更加自信和勇敢了。

就在这样的一次次活动中，她树立了自信，慢慢变得开朗起来。她开始愿意与他人沟通了，不再是那个不愿意表现自己的孩子了。她微笑的样子很美。

小悦的转变让我明白，对于这类留守幼儿，我们应该多给予他们关注与鼓励，善于发现他们身上的闪光点，多给他们展示的机会，帮他们重拾自信，让他们感受到温暖。

（河南省济源市下冶镇第一中心幼儿园　　侯亚娟　李雅文）

·慢慢改变的萌萌

萌萌是个文静秀气的小姑娘，家里还有个在县里上初中的姐姐，周末放假由奶奶接回家。爸爸妈妈因生活的需要在外地打工，供两个孩子学习和生活，平时难得回来。姐妹俩的一切都由奶奶照顾。奶奶已 70 多岁了，没什么文化，平时只供萌萌吃饱穿暖睡好。奶奶的宠爱导致萌萌自理能力较弱。

幼儿排队去洗手时，萌萌安安静静地坐在小椅子上。我走到她跟前对她说："快去排队洗手吧。"她这才慢慢起身，来到水龙头旁边。看着小朋友你争我抢地洗手，她又悄悄地躲在了一边，不敢靠前。等所有的小朋友都洗完手，她才慢慢地、很小心地走到水龙头边洗手。

又到了幼儿园亲子活动的日子，所有的幼儿都很兴奋，早早来到了幼儿园，叽叽喳喳的像快乐的小鸟。萌萌由奶奶陪同来到幼儿园后一直倚靠着奶奶。在晨间活动的时候，幼儿分组跳绳，男生跳完女生跳，一轮结束后再交换。其他幼儿都已经准备好了，这时萌萌却退缩了，跑过去想要和奶奶再说些什么，又错失了一次表现的机会。奶奶不在的时候还好点，奶奶在她就不愿意加入集体活动了。

后来有一次亲子活动中，家长几乎都来参加了，只有她没有家人陪同，心情很低落，原因是奶奶去接姐姐了。在操作活动中，家长和孩子共同剪窗花、贴窗花。她没有剪，一直在看周围的人。我走过去，和她合作完成了作品。

班里有很多小女孩，每天午睡起来后，头发乱糟糟的，都争先恐后地搬椅子坐在我的面前排队梳头发。有一次我说："还有谁没梳头发啊？过来梳一下。"没有人应答，也没有人过来。后来我看了一圈，发现其他小朋友头发都梳得很漂亮，只有萌萌的还是乱的，就说："萌萌你头发没梳，过来老师帮你梳一下。"她好像没听见一样，趴在桌子上一动也不动。我连喊了几遍她还是没过来。我又问："你不梳吗?"她点了点头。如果再问她，她可能就要哭了。

萌萌的占有欲也特别强，每次玩玩具的时候，总喜欢将大量的玩具放在自己面前，有时甚至将装玩具的篮子也据为己有，这让旁边的幼儿没有玩具可玩，就跑过来告状。当我问她怎么不和小朋友一起玩的时候，她就盯着我，也不说话，很胆怯的样子。

针对萌萌的情况，我给予了高度的关注与重视，争取教师、同伴、家长的共同努力。

第一，教师给予亲情关注。一般来说，老人不会有太多的精力去关注孩子发出的各种情感信息，也未必会及时反馈和满足孩子的情感需要，虽然与孩子建立起了依恋关系，但是孩子仍然缺乏安全感。为了补偿孩子的依恋需要，在幼儿园里，我与班级教师约定，平时要多亲近她，如摸摸她的头，拉拉她的手，对她多微笑，单独与她拉家常，经常拥抱她等，使她消除害怕心理。通过一段时间的共同努力，萌萌慢慢地喜欢上我们了，见到我们不再躲避了，有时还能冲我们笑笑。

第二，同伴帮助，满足交往需求。萌萌从小没有得到足够的交往机会，没有学会与人交往的技能，虽然有时会产生与别人一起玩的想法，但是胆怯和不会交往使她的愿望无法实现。在幼儿园里，我们首先引导同伴多关注她，为她调换了座位，安排了一个交流能力较强的女孩子和她做同桌，请这个孩子多主动邀请她。在她慢慢适应和这个女孩子交往以后，再引导班上的其他孩子主动和她交往。同时，增加个别交往的机会。由于萌萌缺少与别人的有效交流与互动，许多的交往方法都需要学习，因此，我们为她创设了许多与其他幼儿交往的机会，给她特殊的"权利"，只要她喜欢玩的活动我们都让她先玩，并让她喜欢的小朋友陪着她；在她犯错误需要纠正时，委婉地指出，保护她的自尊心。

第三，家园合作，共同努力。在家里，要求其奶奶做到：首先，让孩子放开手脚，鼓励孩子进行活动，大胆地说、跑、跳；其次，孩子自己的事情让她自己做，如自己穿衣、整理自己的物品，让她有成功的体验，感受到"我也行"；最后，在家里也要教孩子学习与人交往，让孩子学习见了熟人打招呼，鼓励孩子与同伴一起玩。

经过我们一段时间的努力，萌萌取得了很大的进步。我们要给予留守幼儿更多的爱，让他们快乐成长。

（江苏省淮安市金湖县金南镇中心幼儿园　　梅玉）

第三章　培养留守幼儿的积极情感

·乐乐终于会笑了

　　留守幼儿由于父母不在身边，缺乏爱的陪伴，往往会出现这样或那样的问题，如胆小、孤僻、缺乏自信、不爱与人沟通等。幼儿年龄越小，受到的影响越大。我有幸参加了"农村留守儿童项目"，通过和留守幼儿深入接触，走进了他们的内心世界，更多地了解了留守幼儿对爱的需求。不仅如此，我更懂得了关心和体察每个幼儿的情感需要，特别是那些亲情和母爱缺失幼儿的需要，并设法更多地予以支持和满足。

　　留给我印象最深的是一个叫乐乐的小朋友。初见他时，这个虎头虎脑的男孩子不爱说话，我主动与他打招呼，他会表现出很害羞的样子，眼神一直在躲闪。他还有一个明显的特征：不爱笑，一直绷着脸或面无表情。后来我了解到乐乐的父母离异，妈妈离开，爸爸长期在外工作，他一直和奶奶一起生活。

　　第一次开展绘本活动《我爱妈妈》时，他只是安静地坐在小椅子上不举手也不说话，仿佛这件事与他毫无关系。

　　我私下和班里的教师进行了沟通，最后达成共识：平时在班里多关注乐乐，给予他更多的关爱，帮助他找到自己的好朋友，让他在幼儿园感受到老师的爱与同伴的关注，经常和他说说话、聊聊天，让他得到更多的快乐与温暖。

　　渐渐地，我们欣喜地发现乐乐变了。在绘本活动中，他从消极被动变得积极主动，从内心排斥到期待向往，从不肯举手回答问题到认真倾听老师和同伴说话并自信地举起小手。我们见证了他的转变，亲历了他的成长。后来，听别的教师说，他在班里的变化也很大，以前他只会在别人玩游戏时站在旁边观看，从不主动参与，一整天都默不作声；现在他会和其他小朋友分享绘本活动中好玩的游戏、好听的故事，甚至还会露出那么一点点小骄傲。他也在班里找到了好伙伴，会向他们诉说在家里发生的一些事情。

最让我们开心的是乐乐爱笑了。看着他如花的笑脸，我们也越来越开心。

有一天，乐乐奶奶拉着我的手，激动不已，原来乐乐偷偷和奶奶说了一句"奶奶，我爱你"。

我们只是做了一点点努力，幼儿就给了我们大大的惊喜。他们学会了感受爱，用自己的言行表达爱、传递爱，这不正是我们一直努力追求的目标吗？

孩子，希望你的笑脸一直这样灿烂，希望我们的关爱能伴你走过幸福的童年。

（河北省高碑店市第一幼儿园　　朱瑞芳）

·亿亿的脾气变好了

2021年9月，小二班迎来了一群可爱的小朋友。早晨，教师在安抚哭泣的小朋友，引导默默坐着的小朋友，指导玩玩具的小朋友。这一群玩玩具的小朋友中，有一个小朋友引起了我的注意。他叫亿亿，哭闹随时可能发生，说话只会说一两个字。

区角活动时，他背着书包跑到娃娃家，一个人在娃娃家玩着钓鱼的玩具。活动结束，我让幼儿收玩具，幼儿都收了玩具走出娃娃家去盥洗，而亿亿还一个人在娃娃家玩小鱼。我叫他的名字，他不回应；我走到他的身旁拍拍他的肩说"收玩具啦"，他仍然不回应。接着我便拉着他的手和他说"收玩具去上厕所，等会儿再来玩"，他的小眼睛一直看着小鱼，手里一直拿着鱼竿不放手，回应一个字"不"。于是我从他手里拿过钓鱼的玩具，指着厕所的方向对他说："上厕所啦！"他就开始坐在地上大哭，踢掉自己的鞋子，嘴里一直喊着"妈妈，妈妈"。我说什么他都停不下来，把钓鱼玩具给他，他哭得更大声。

吃早餐时，他背着书包端着早餐回到座位上，一把抓住勺子就开始吃。我打算教他怎样拿勺子，刚拿着他的勺子准备做示范，他马上把椅子一脚踢开，一下子坐到地上开始哭，还把自己的鞋子脱掉，嘴里一直喊着"妈妈，妈妈"。我和他说话，他不看我也不理我，只是大哭。他可能是要用勺子吃饭，于是我把勺子放在他的碗里，把他抱到椅子上，对他说："赶快吃吧。"说完我就走开了。他端着碗跑到我面前把勺子扔了，又坐到地上继续哭，边哭边喊"妈妈，妈妈"。

集中活动时，他在活动室转着圈跑，我请他坐下，他完全不回应，继续跑。我只能拉着他的手走到他的位置坐下。刚把他请到位置上，他马上踢开椅子坐到地上，开始大叫"妈妈，妈妈"。

户外活动中，我发现有危险动作去制止他时，他马上坐到地上开始大哭，一边哭一边叫"妈妈，妈妈"。这样哭闹的情况还有很多很多，只要哭起来就什么都听不进去。和他交流，他只会用一个字回应：嗯，不，哦，吃。要吃肉，他就指着肉说"肉"；要玩玩具，他就指着玩具说"玩"……

针对他随时会大哭、语言发展欠缺的情况，我和他妈妈进行了沟通，了解到他平时在家很少哭闹，但是说话有些困难。面对这样的情况，我尝试进行语言引导、榜样示范等，让他妈妈也在家做好引导。一段时间后，情况没有多大变化。我想我对亿亿还是不够了解，没能找到合适的教育方法。该怎么办呢？我非常着急。

参与"农村留守儿童项目"对我帮助很大。在问卷调查中我知道亿亿的爸爸在外地工作，长期不在身边，亿亿主要由妈妈照顾。妈妈是宁夏人，爸爸是重庆人。我想他不会说话和他的家庭语言环境有很大的关系，同时接触两种不同的方言使亿亿的语言有些混乱，让亿亿不知道应该说哪一种。虽然亿亿不是留守幼儿，但他的发展情况同样需要我的特别关注和支持。

在绘本教学中我发现亿亿听得非常认真，坐得非常端正，眼睛一直看着我，讲到精彩处会用手指，表情会随着故事发生变化。我想绘本教学对亿亿的语言发展和情绪引导可能有作用。于是在《魔法亲亲》和《我爱妈妈》绘本教学活动后，我又在亲情图书角再次给他讲起了这几本绘本。讲了《魔法亲亲》后，我问："你每次哭是想妈妈了吗?"他说："嗯。"我说："那你明天来的时候，向妈妈要一个亲亲，想妈妈了不要哭，摸摸妈妈的亲亲，好吗?"他说："好。"慢慢地，亿亿的哭闹越来越少了。在给亿亿讲了《我爱妈妈》后，我问他："亿亿爱妈妈吗?"他说："爱。"我说："为什么爱。"他说："饭。"我说："爱要说出来。"于是我带着亿亿一起说："我爱妈妈，因为她会做饭给我吃。"在其他绘本教学时我特别注意引导他说话，慢慢地亿亿的语言开始从一个字变成两个字、三个字、四个字。他喜欢上了看书，区角活动的时候都是选择看书，餐后活动也选择看书，看到精彩处还会对我说："老师你看。"然后指着书上的某一幅图画。

在《小金鱼逃走了》绘本教学后，他说："逃到哪里去了?"看绘本《快活的狮子》时会指着狮子问："逃到这里来了。"看海洋生物时他会指着某一条鱼说："逃到这里来啦。"

在表演童话剧《好喝的汤》时，他会和我说："我要放鱼。"要午睡了，亿亿走进教室，盥洗过后，找到自己的床，看着我说："老师老师，亿亿找到床啦!"

有一天区角活动时，亿亿一个人坐在那里，看着小朋友玩。我问他："你要去玩吗?"他说："我要玩。"我说："那你去玩吧。"他却不去，就坐在椅子上。我拿来一个玩具说："玩这个吧。"亿亿接过玩具问："这是什么颜色的?"我说："绿色。"他说："绿色的。"我问："这个可以怎么玩?"他看看自己的裤子，然后指着美工区说："它的家在那里。"

区角活动时亿亿选择了雪花片，作品做好后跑到我的面前跟我说："老师老师，你看这是我做的挖掘机，这是挖的……"

现在，他虽然说话时有时会有语序混乱的情况，但是语言表达能力越来越强了；在情绪表达上，不会躺在地上大哭大闹了，而是能够用语言进行表达了。为了亿亿的语言和情绪发展，我们会更加努力。

（重庆市武隆区江口镇中心幼儿园　　田甜）

·小洁不再恨妈妈

在《我妈妈》绘本教学活动中，有一个幼儿引起了我的注意。她叫小洁，是一个自尊心很强、很能干的女孩，平时在班里就像大姐姐一样，很照顾比她年龄小的幼儿，和同伴都能很好地相处。平时我不在的时候，她还爱扮演小老师的角色，虽然性格比较要强，但是也很懂事，有着她这个年纪少有的成熟。但是在这次教学活动中，我发现她和平时不一样了，平时活动中她总是很积极地回答问题，这一次她总是低着头，偶尔抬头看看周围的小朋友。当我问问题："你的妈妈是做什么工作的?"大多数小朋友都争着回答，只有小洁一直低着头玩她的手指。活动结束以后我接着让幼儿画"我的妈妈"，大家都开始动笔画了。我看到小洁一直用手遮着画纸，感觉很怕周围的人发现她画的东西。我走过去看她，发现她的画纸上还是空白的，于是我问她："小洁，你怎么不画呢?""我记不起我妈妈长什么样子了。"小洁小声说。接着她跟我说了自己妈妈在她很小的时候就出走了，到现在也没有回来看过她。看她快要哭出来的表情，我连忙说："没事没事，那你想画谁就画谁吧。"然后小洁就画了自己平时喜欢画的东西。

为了了解小洁在家的情况，一次离园时，我对小洁奶奶进行了一次访谈。结合向小洁奶奶了解的情况，我分析造成小洁不想画妈妈和谈论妈妈的原因主要有两个。首先是小洁出生后不久母亲就出走了，她长期缺乏母爱，渴望母爱，但是又害怕谈及母亲这个话题。其次是隔代教育方式，仇恨式引导。小洁在很小的时候便失去了母爱，老人把对孩子母亲的恨意长期传达给孩子，让孩子对母亲有了恨意。不难发现，缺失母爱对小洁的心理造成了一定的影响，她不爱与同伴谈及妈妈的话题，有自卑的表现。

针对小洁的情况，我们采取了有效教育措施。

充当母亲的角色，关爱她生活。一个幼儿没有了母爱，对他的影响太大了。所以作为教师，我要尽量弥补小洁没有母亲的遗憾，多给小洁慈母般的关爱；同时，让小洁的奶奶不要给小洁灌输母亲不要她的思想，不要让小洁在心中埋下仇恨的种子。

利用绘本教学活动，正确引导小洁，使她的心理健康发展。在每周的心理健康绘本教学中，上课前我们就集中讨论了怎样上才能让小洁在阅读绘本时感受到父母的爱。课上我会营造一种轻松、愉悦的心理环境，尊重小洁，保护其隐私。特别是在《看不见的线》绘本教学当中，我强调了在小朋友的成长过程中，时常会面临分离，小到上学等阶段性的分离，大到亲人去世等永久性的分离。虽然我们会害怕、焦虑甚至恐惧，但是"隐形线"神奇的力量会把我们连在一起，即使和家人、好朋友分开了，这根看不见的线也可以把我们的心连接在一起。下课之后我特意把小洁叫到一旁，告诉她："虽然现在妈妈不在你身边，但是妈妈肯定是爱你的，可能是妈妈因为工作太忙或者其他什么事情现在不能天天和你在一起，但是妈妈对你的爱一直都在。而且除了妈妈你还有爱你的爸爸、奶奶、爷爷，当然还有老师们，我们也好爱好爱你。"经过这次绘本教学及平时对小洁的关爱与引导，我发现小洁比之前开朗多了。

感受集体的爱，以爱培育健康心理。幼儿园每个月开展给留守幼儿集体过生日的活动，让平时没有爸爸妈妈陪伴过生日的幼儿感受集体过生日的幸福。小朋友们一起唱歌，一起表演，一起吃蛋糕，从小洁的笑颜我知道小洁肯定很高兴。小洁对我说："老师，这是我最开心的一个生日了。"她还轻轻地在我耳边说："谢谢你，老师。"在之后的生活体验活动中，我组织了"为家人做早餐"和"爱是甜甜的"活动，小洁和其他幼儿都给家人做了好吃的早餐和甜甜的牛轧糖，她说："我要把自己做的糖带回家给奶奶爷爷吃，还要等爸爸回来给他吃。"

从"农村留守儿童项目"的系列活动中我们可以认识到，"家"，对很多人来说，都是一个温馨的字眼。在幼儿的眼里，家是心灵的栖所、成长的港湾。然而由于种种因素，有一部分幼儿要面对家庭破碎的境况，承受着失去母爱后的自卑与伤痛。缺失母爱的环境对于幼儿的健康成长极易产生消极的影响，因此针对这部分幼儿的教育问题就显得十分重要。作为教师，我们要努力给予幼儿充分的宽容和关怀，通过持续不断地开展关爱活动，淡化和消除其心理阴影，促进幼儿身心健康发展。

（重庆市武隆区江口镇中心幼儿园　　田甜）

·在家在园两不同的乐乐

乐乐的爸爸妈妈在兰州工作。第一学期上小班时，我根据爷爷奶奶的描述得知，老两口带着两个孩子，家里还有一个 1 岁的小宝宝，奶奶照顾小宝宝，爷爷负责接送乐乐。乐乐的爸爸从开学到现在都没有了解过孩子的情况，妈妈也对孩子的情况不闻不问。乐乐是一个在家很活泼但是在幼儿园很胆小的孩子，不敢和我说话，也不愿意交朋友，玩玩具的时候通常是一个人，并且经常尿裤子，有时候一天能尿三条裤子，即使按时间上厕所，也会尿裤子。

刚入园的幼儿，一般都有分离焦虑。乐乐是哭一会儿玩一会儿，就这样适应了一星期，渐渐跟上了大家的节奏。但乐乐仍旧不爱说话，也很害怕老师。于是我主动找乐乐，问他各种问题。但他总是不言不语，脸上也没有表情。

有很长一段时间乐乐总是尿裤子，有时候还会把大便拉在裤子里。我特别注意不责备乐乐，不仅做到第一时间给他换洗，还用心保护他的自尊心，注意适时悄悄地提示他需要上厕所就告诉我，但乐乐还是不愿意表达。我还发现在玩游戏的时候，他能参与其中，但是不愿意说话。我和乐乐奶奶沟通了乐乐的情况，奶奶表示，乐乐在家里和在幼儿园里完全相反，在家话很多，并且还会主动表演在幼儿园里学习的舞蹈等。

我主动让他当我的小帮手。过了一段时间，我惊喜地发现乐乐有了明显的进步，他也很愿意完成我安排的任务，在这个过程中不断和我拉近了距离。接下来的一段时间，在开放的区角活动中，乐乐也愿意参与进去了，但还是表达不多，只是用行动表达自己想做的事情。

这段时间，乐乐没有尿裤子，想上厕所时会站在我身边，我就明白了他的意思。我和乐乐妈妈进行了沟通，具体说了乐乐的情况，她表示对于乐乐在园的表现自己还不清楚，她会考虑放弃工作，回到孩子身边。希望下一学期，妈妈可以陪在乐乐身边，与我们一起帮助乐乐更好地成长。

（甘肃省天水市秦安县莲花镇中心幼儿园　　刘青青）

·铱铱越来越爱笑了

每个孩子都是独一无二的个体，他们都有不同的成长轨迹。我遇到了一个特别的孩子，她叫铱铱，是个留守幼儿，跟着爷爷奶奶生活，父母常年在上海工作，一两个月回家一次。因为老人溺爱，所以她上幼儿园总是三天打鱼两天晒网，中班没上几天就直接升到了大班。

每次集体活动时，其他幼儿都在认真听我说话，但铱铱会悄悄走到玩具柜前利用玩具发出尖锐的声音。大家的目光都聚集到她那里以后，她会大声地怪笑。别的幼儿都在活动区时，她又放下了玩具，开始在教室里跑来跑去。同伴的告状声不绝于耳："老师，铱铱抢我的东西。""铱铱打我。"我刚走到铱铱身边跟她说话，她就眼睛一闭像睡着了一样，不管说什么她都装作听不见的样子。户外活动时，她又往和幼儿相反的方向跑了，一边跑一边对我做着鬼脸。我们的一跑一追构成了操场上独特的风景。她每天都有新状况让我束手无策。为了铱铱的安全，每到户外时只能我走到哪儿让她跟到哪儿，她像个小尾巴一样跟在我身后。一开始我只是觉得这个孩子有些与众不同，并没有过多关注，直到一次教育活动才让我有了不一样的想法。

中秋节假期结束了，我让幼儿画自己家吃团圆饭的画，可是铱铱只画了她自己，还用力捂着不给我看。离园时我单独留下了铱铱奶奶，把最近在幼儿园发生的事告诉了她。铱铱奶奶拉着我的手说了铱铱在家的一些情况，这让我一下子就对铱铱的表现有了更多的理解，甚至还有些心酸。我想走进这个孩子的心里，走进她的生活，于是便和老人约了时间去她家看看。

按照约定，我来到铱铱家，一进门就是满屋子的玩具和散落在各个角落的画。我惊喜地问铱铱："哇，这都是你的玩具吗？都是谁买给你的呢？"铱铱并没有想象中的喜悦，扭过脸去玩她的玩具了。铱铱奶奶这时接过话："她爸爸妈妈都在上海上班，爸爸是电工，妈妈在宾馆做保洁工作，一两个月回来一次，回来了也待不了两天就得走。每次回来都大包小包的，给孩子买玩具，买吃的。孩子在家也是，一人玩得好好的，突然就尖叫几声，吓我们一跳。孩子跟着我和她爷爷，我们尽量不让她受委屈，看见什么好玩的玩具都赶紧给她买。"听了铱铱奶奶的话，我明白为什么铱铱的画里都是一个人了。

虽然得到的物质很丰富，但是情感是缺失的，铱铱想要的是陪伴和关爱，是跟爸爸妈妈在一起的温暖。面对铱铱这样的留守幼儿，我该怎么办呢？

在户外闯关游戏时，铱铱几次走到平衡木前又走开了。我知道她一定是想玩这个游戏但又害怕。我拉着她走到平衡木旁边，告诉她："没关系，我就在你身边，你是我的小尾巴，我能保护你，你万一摔跤，我一定能第一时间抱住你。"她小心翼翼地迈出了第一步，紧紧地攥着我的手，我能感觉到她很紧张。忽然，她脚下一滑，身子一歪，一只脚掉下了平衡木，我赶紧伸手去抱她，慌乱之中我俩都坐在了地上，但是我把她抱在了怀里。我说："你看，我说会抱住你的吧，不用害怕，要大胆尝试，老师会保护你的。"铱铱对我笑了笑，再一次站了上去，在我的搀扶下，慢慢地一步步向前走着。走过去以后铱铱小声说了一句："也不是太难嘛。"尽管她的声音很小，但是我马上做出了回应："对啊，每一件事也许都没你想象的那么难，只要你勇敢地迈出第一步，就一定能成功。"这句话既像是说给铱铱听的，又像是说给我自己听的。对于铱铱来说，平衡木是她迈出的第一步；对于我来说，走近铱铱的心灵，让她信任我、接纳我，是我迈出的第一步。为了让铱铱能够融入集体，养成好习惯，感受到温暖，我也要坚定地走下去。

我每天记录铱铱生活中的点滴，坚持每天晚上跟铱铱妈妈做简短的交流，把铱铱在幼儿园活动的照片、视频发给铱铱妈妈，让她了解铱铱的一日生活情况。渐渐地，铱铱妈妈也会主动打电话向我了解铱铱的在园情况了。我跟铱铱妈妈约定好，要让铱铱感受到妈妈虽然离她远，但是仍然牵挂她。每天放学后我都会留出一段时间，用我的手机让铱铱跟她爸爸妈妈视频聊天，说说幼儿园发生的事。他们还偶尔会给铱铱邮寄一些小礼物，给铱铱写信。一段时间后，我发现铱铱在很多方面有了很大的进步，能够友好地跟小朋友相处了，攻击小朋友的现象明显减少了，还能够主动跟小朋友打招呼了；最重要的是，她越来越爱笑了。一天我接到铱铱妈妈的电话。她跟我说："谢谢老师，我们之前忽略了孩子的感受，以后会多抽时间陪伴孩子，不管工作多忙，都要抽出时间参与孩子的成长，慢慢地了解孩子，感谢女儿在成长道路上遇见了您这位耐心细心的好老师。您不光是孩子的老师，也是我们的老师。"

留守幼儿是我们农村园所的普遍现象。作为一名幼儿园教师，我无力改变这一社会现象，但是我能用我的努力，在园里陪伴他们，像妈妈一样照顾他们的生活，做好家长和孩子沟通的桥梁，让家长和孩子心贴心地交流，让留守幼儿健康快乐地成长。

（江苏省靖江市骥江幼儿园　　喻屏　夏昕）

·不一样的孩子

从事幼教已有二十几个年头了，回首这么多年的幼教生涯，真是五味杂陈。在这段宝贵的时间里，我迎来送往一届又一届的幼儿。我的记忆深处一直有这么一个人让我牵挂着、回想着，虽然事隔多年，但是我依然清晰地记得他当时的那副样子。

回溯一：回首

他比同龄人长得壮实一些，黑黝黝的皮肤，小脸上嵌着一双大眼睛，他就是我们邻村的小男孩乐乐。他还有一个绰号叫"小呆"。从幼儿中你一眼就能看出他的身上透着一点与众不同，因为他是一名智障儿。他因为无法与人正常交流，所以没有伙伴。家人怕他闯祸，把他困在家中，偶尔他也出来"放放风"。可他一出来就会遭到别人的欺辱和嘲笑。

回溯二：接收

9月份是幼儿报名入园的时间，我担任了大班班主任。有一天，一位衣衫不整、头发凌乱的老年妇女拽着一名明显较其他孩子更高大的小男孩（乐乐）挤在报名队伍里。她嘴里一边嘀咕一边拉着小男孩朝我走来，"老师，给我孩子报下名。"说着从包里掏出证件递给了我。我接过一看，心想这孩子都要上大班了，怎么才来报名呢。老年妇女露出无奈的神情，大家向她投来异样的目光。

"老师，可以借个地方说话吗？"老年妇女支支吾吾，眼圈泛着泪花，"你看，到现在我家孙子语言有些障碍，还不会讲话，每天只会咿咿呀呀地乱叫。我想让他上幼儿园，让他与其他孩子交流学习，说不定可以在有些方面有所提升……"

这时，有好几位知情的家长对我挤挤眼睛，悄悄地说："老师，不能收下他，你看这孩子的神情和模样，一看就不太正常，搞不好进园会打人，我们不想让自己的孩子受欺负。"大家你一言我一语地议论开了。事后我了解到了事情的真相：由于身体的问题，这名男孩的父母之前生下的几个孩子都有疾病，出生后不久即离开了人世。父母不甘心，终于生下了他，虽说存活了，但落下了"傻"病。

父母带孩子到处求医，已欠下很多债务，为了他的生存，只好把他安放在奶奶身边，自己在外到处打工。这几天，他的奶奶没少跑幼儿园："老师，让我家孩子也和其他孩子一样上学吧。我们不求他学什么，只求他能和其他孩子一样快快乐乐的。"虽然我内心有很多顾虑，但是老人家的真情深深地打动了我。

幼儿园最终接受了这名特殊的孩子。

回溯三：纠结

乐乐对新环境比较好奇，总是喜欢摸这摸那，有时站在某个角落发呆，即使你对他招手，他也一点反应都没有。集体活动中，他总是因为各种问题和别的幼儿打闹。由于他长得比较高大，打闹时常常占上风，因此其他幼儿都避而远之。

乐乐不会穿衣，吃饭前也不洗手，甚至还随地大小便。一次午餐时，我正忙着给幼儿打饭，一个幼儿大叫起来："老师，乐乐在椅子上大便了。"看着他一边拎裤子一边笑，我压抑着心中的那团怒火，找来配班教师帮忙为他换洗衣服。此时的我心中闪过一丝后悔：我为什么要收他到自己的班级呢？这不是自找麻烦吗？

回溯四：惊喜

之后的日子里，乐乐成了我重点关注的对象。我手把手教他穿衣服、上厕所、洗手、吃饭，一点点让他知道什么可以做、什么不可以做，什么是对的、什么是错的。除此之外，我还教他一个字一个字地叫"爸爸""妈妈""老师"。我还发动其他幼儿伸出友爱之手，为他捐赠衣物及一些生活用品等。我相信一分耕耘一分收获，付出总会有回报。

一天早上，我组织幼儿玩游戏时，意外地听到乐乐嘴里蹦出了两个字——老师。他边喊边用手比画着向我走来，虽然说得含混不清，但是我清晰地听出他就是在叫我。他会叫"老师"了。我喜出望外，跑过去给了他一个大大的拥抱。我第一时间把这个好消息告诉了他的家人，说乐乐是个"有药可救"的孩子，在视频通话中还让乐乐当面交流。他的父母非常激动，在以后的工作中极力配合实施我给乐乐制订的小计划，还托人捎回来关于语言、故事方面的光盘让我放给乐乐看。随着时间的推移，乐乐已经会说好多字词了。

功夫不负有心人。经过一段时间的共同努力，乐乐各方面的表现有了一定的改善：随地大小便的次数少了，动手推人的习惯改了好多，每天进幼儿园第一个跑到我身边与我拥抱，还用手比画着对我咿咿呀呀地说个不停……他开始爱说话了，不那么怯场了，最让人惊喜的是他能模模糊糊地叫"爸爸""妈妈"了。这对别人来说是小事，但对他的父母、家庭来说是天大的喜事。看到他的点滴进步，我感到无比欣慰。

回溯五：不舍

转眼间一学期结束了，乐乐到了上小学的年龄。奶奶由于年龄大了，无能力再照顾乐乐，只好把乐乐送到父母身边。乐乐再次回到父母身边。他如同出笼的"小鸟"，那份开心无法用言语表达。临走的那天，乐乐妈妈带着他向我道别。乐乐紧紧拉着我的手不肯松开，眼圈已经红了，嘴里含糊地说着："我不走！"我再也掩饰不住自己的心情，泪水哗啦啦往下流，心情久久不能平静，千言万语在一瞬间哽住了……

作为一名普通的幼儿园教师，我在自己的工作岗位上做着平凡的事，用爱心打开了孩子情感世界的第一扇窗，用呵护唤起了每一个孩子的尊严……

（江苏省南京市溧水区晶桥镇中心幼儿园　　徐正娣）

·破茧成蝶

关爱留守幼儿在行动，"蒲公英"们在行动，心系你的我更是一直在行动：关注、观察、分析、指导、交流、分享……

就来你们馆

你梳着一根利落的马尾辫，白净的脸上有着精致的五官，微胖的身体坐在小椅子上。我用文字记录了你在听绘本时秒动的状态：吃右手食指，抓右耳朵，向上撸袖子，双手顺着膝盖往下滑，含胸弯腰，左脚叠放在右脚上，起身后食指，中指抠嘴，啃指甲，抠鼻孔，叼衣领上的小白珠子。

可以肯定，带你长大的奶奶只偏重了饮食，而忽略了对你良好行为习惯的培养。不过我也注意到一个细节，虽然你小动作不断，但是你的视线很少离开绘本，眼神中透着一种对阅读的渴望。想想5岁的你正值阅读敏感期，我萌生了培养你良好阅读习惯的念头，决定将你领上阅读之路。活动结束后，我单独把所讲绘本拿给你看，你如饥似渴地浏览着，归还时仍意犹未尽。于是，我边在空中画了一个大圆边夸张地说："咱们幼儿园有那么大一个绘本馆，里面有很多很多这样的书，每天我都带你进去看一本，怎么样？"你欣喜地回应："太好了！就来你们馆！"我话锋一转，继而开始提要求："看书时必须双手拿住书，书不能离手，还要一页一页地看。"你点头同意。我内心暗想：只要你手不离书，哪还会有时间去做小动作呢！后来实践证明此举着实有效。

只回我们班

今天，你们班李老师在四楼大会议室，准备用PPT讲一本有关"勇敢与自我保护"主题的绘本《我的幸运一天》。每次李老师提问时你都会全身绷紧，咬下嘴唇，脚收回，腰挺直，眼左右看，时刻准备回答，但从来不敢举手。李老师蹲下来有意识地主动问你："你猜这是谁的幸运一天？"你的身体马上绷直向后靠，双手抱胸，眼睛左瞧右看，嘴使劲抿，双腿往回收，继而双手向后捋椅子的边，深吸一口气后终于说了句："不知道。"故事讲到高潮时李老师用鼓励的眼神望着你，再次提问："小猪被吃了吗？它用什么方法保护自己？"你竟把旁边的小朋友的右手举起来了。故事结束时李老师问全体小朋友："你们觉得这是一只什么样的小猪？""有智慧的小猪。"本以为别人都会说，可结果是只有你一个人如此大声且精准地喊了出来。你被自己的声音吓到，眼睛瞪大，嘴闭紧，空气好似凝结了。李老师带头给你鼓掌，小朋友们也跟着给你鼓掌。此刻你的脸上洋溢着满足的神情。最后一个环节是情景模拟：遇到陌生的好心人。我扮演陌生的好心人走到你面前，用糖果、玩具诱惑你，你愤恨地嚷道："我不会跟你走的，因为你是坏人。"说完你的小胸脯大幅度起伏。我为你竖起大拇指，你终于鼓足勇气大胆表达出了自己的想法。就势我又问："那你跟你们李老师走吗？"你稍加思索后肯定地说："也不跟！"我诧异了，追问："那你跟谁走？"你昂起小下巴，坚定地说："我只回我们班，等奶奶来接我。"小机灵鬼！连老师也不放心呀！故事的真正含义让你悟透了！

要去他们那儿

欣赏完绘本故事《落叶跳舞》后，李老师说："宝贝们，赶紧设计一片小落叶戴到头上，咱们一起来跳舞吧。"你很兴奋，双手鼓掌，迅速调整椅子的方向，马上挑选好彩笔，从叶子的左下角向上均匀地涂了起来。瞧你那专注劲儿：目不转睛地盯着画面，右手握紧笔，笔头极速在纸面上滑动，一笔挨一笔，笔与纸面接触时发出"锃锃"的悦耳声，不均匀的地方你还会回头补上几笔。彩笔头有时粘上了纸的毛，你还会用拇指和食指谨慎地把它捏掉，说这样笔出水就多了，多么善于观察和总结经验呀！画完了，我问："为什么涂绿色呀？"你答："因为叶子是绿色的呗！""为什么涂黄色呀？""因为叶子有黄色的呗！""为什么涂红色呀？""因为叶子有红色的呗！""为什么涂蓝色呀？"
"因为漂亮呗！""为什么还涂紫色？""因为它代表高贵呗！"多么有想法、有创
意啊！你是想成为一位高贵的叶子公主吗？加油！

该把叶子从纸上剪下来了。可儿童美工剪刀拿在你手中却没动。你说不
知道剪哪儿，我只提示你："不能剪到叶子的身体，那样它会疼的。"你盯着
我的眼睛思考了一会儿后，果断地沿着叶子的轮廓顺时针剪了起来。一小部
分多余的白纸被剪掉后，你看着我自信地说："我会剪了。"然后就小心地一
下一下朝前剪过去，虽然后面留下了不规则的小锯齿。"哎呀，吓死我了。"
"怎么了？""要剪到它的身体了。"你倒吸了一口气，停下来琢磨了一会儿，稍
缓解了一下后，又埋头剪了起来。剪到五分之四的时候，你嚷道："我快剪
完啦！"眼光大放异彩，咧嘴笑开了。忽然你听到后面有音乐伴着跳舞声，扭
头一看，原来是几个小伙伴在戴着自己做的头饰跳舞呢。你着急了，飞快地
将剩下的部分剪完，请我帮你戴好并催促着："老师，快点快点，我也要去
他们那儿。"然后你愉快地冲过去主动拉起小朋友的手，盯着对方的眼睛，期
盼地询问："咱俩一起跳舞呗？"对方爽快地答应后，你们这些幸运的"小叶
子"翩翩起舞，好似真的要飘向梦想的地方去了。

我有一种"吾家有女初长成"的喜感。果断、自信、冷静、创新、主动、
合作等优良品质正在你身上慢慢养成。

（河北省高碑店市第一幼儿园　　刘颖）

附 录

《阳光儿童项目家长手册：亲情互动，爱在行动》

　　《阳光儿童项目家长手册：亲情互动，爱在行动》以图文并茂的形式，从亲情陪伴、快乐心情、自尊自信、朋友交往、应对困难、安全与自我保护六个方面展示了家长应该如何陪伴和支持孩子的成长，感兴趣的读者可以扫描下方二维码阅读。

扫码看资源

后 记

　　本书是在"陕西省学前留守儿童心理健康促进项目(2014—2015)"、六省市"农村 3—6 岁留守儿童心理健康促进项目(2015—2018 一期、2018—2019二期)"和"城乡阳光儿童项目(2020—2021)"工作实践的基础上完成的,是课题组成员和各省市参与项目工作的园长、教师集体智慧的结晶及倾情工作的成果。

　　本书共有四篇一附录,第一篇"组织管理:三级联动,聚力共情"主要呈现了课题各层面管理实施的主要经验;第二篇"支持模式:心手相牵,一路同行"主要讲述了支持园在支持农村留守幼儿项目园开展工作时的心路历程和体会感悟;第三篇"园所行动:深度关爱,春风化雨"主要集结了项目园园长和教师用心开展留守幼儿关爱工作中的主要经验和做法;第四篇"成长个案:沐浴阳光,快乐成长"主要汇集了留守幼儿和亲情缺失的幼儿在教师的关爱下成长的感人故事;最后的附录呈现了《阳光儿童项目家长手册:亲情互动,爱在行动》,以图文并茂的形式提示家长为了孩子的快乐成长什么可以做、什么不可以做,可作为家长读物或家教宣传册单独使用。

　　在本书编写的过程中,各省市项目负责人和部分核心成员对教师提交的文本进行了汇总和初步修改,项目主持人刘占兰研究员对本书进行了框架设计和多次完善。感谢在几年的实践中六个项目省市的项目负责人和课题组成员、幼儿园园长和教师无私的付出,幼儿的成长令人感动。

感谢所有的项目参与者，还要特别感谢汇丰银行慈善基金对"农村留守儿童项目"的持续资金支持，感谢中国社会福利基金会、北京慈育社区青少年服务中心的规范管理与大力支持。

由于水平和经验所限，疏漏在所难免。敬请广大读者提出宝贵意见和建议，也期待更多的人关心和关注学前留守儿童。